LE BON PASTEUR

ou essai sur

LA VIE

DE M. PORTALÈS.

Imprimerie de H. Carion, père, rue Richer, 20.

LE BON PASTEUR

OU ESSAI SUR

LA VIE

DE

M. PORTALÈS

CURÉ DE NOTRE-DAME-DE-BONNE-NOUVELLE, A PARIS.

PAR

L'ABBÉ J^TIN MAURAN,

Miss. Apost. prêtre du clergé de Notre-Dame-de-Bonne-Nouvelle

PARIS

CHEZ AUG. VATON, ÉDITEUR, RUE DU BAC, 30,

ET CHEZ L'AUTEUR, RUE DE CLÉRY, 100.

1854.

HOMMAGE

DE

RESPECTUEUSE AMITIÉ

A LA

FAMILLE PORTALÈS.

Leur dévoué serviteur,

Jtin MAURAN,

Miss. apost.

TABLE DES MATIÈRES.

Bonus pastor animam suam dat pro ovibus suis.

Le bon Pasteur donne sa vie pour ses brebis.

Oui, il l'a donnée, il l'a prodiguée sa vie pour son troupeau, le bon Pasteur, que le ciel dans sa miséricorde avait envoyé à la paroisse N.-D. de Bonne-Nouvelle.

« M. Portalès, notre père, notre ami, notre consolation, notre soutien est mort! dit-on de toute part, les larmes aux yeux, le cœur plein de sanglots. Il n'était pourtant pas bien âgé encore, il n'avait que 61 ans. »

A cet âge, sans doute, on peut avoir de la vigueur. Mais quelle est la vigueur qui ne s'épuisera pas par trente-six ans de continuels sacrifices? Eh! n'est-ce pas un prodige que des travaux sans relâche et qu'une sollicitude morale de tous les instants aient pu se soutenir pendant de si longues années? Remercions donc le Seigneur de nous avoir si longtemps accordé le bienfait d'un si bon père ; mais pleurons, cela nous est permis, car c'est Dieu lui-même qui a placé dans notre cœur l'amour de reconnaissance qui fait que l'absence de l'objet aimé est un cruel brisement dans notre âme.

Oh! non, nous ne sommes pas séparés

du cœur de notre ami : il est au ciel, et quoique nous gémissions encore dans cette vallée d'infortunes, tout lui-même est trop gravé dans notre cœur pour que notre amour soit un simple souvenir ; c'est une véritable union. Nous n'avons pas cessé d'être dans une communication continuelle avec lui : il n'est plus avec nous, mais il nous parle encore ; sa voix, cette voix si pleine des charmes que donne la vertu, retentit toujours à nos oreilles.

Ah ! plaise à Dieu, que pour rester dignes de l'amour ardent qu'il nous porte, nous ne cessions jamais d'être fidèles à ses conseils, aux grâces qu'il nous a méritées, et que toujours pour nous il implore.

Pourtant, malgré ces sentiments bien réels en moi et dans tous ceux qui ont connu ce tendre père, il est une pensée qui m'afflige. Cette pensée me vient de la connaissance que j'ai de la fragilité, j'ajouterai même de l'inconstance du cœur humain. Je ne veux pas craindre que cet amour d'enfant, d'ami, qui est aujourd'hui si vif en mon cœur soit trompeur, passager; mais je veux me méfier de ma faiblesse, et tracer un tableau aussi fidèle qu'il me sera possible de toutes ses vertus; je veux que dans l'avenir je puisse me rappeler avec cet écrit tout ce qui serait capable de maintenir en moi cette douce et vive affection qui me console, si quelquefois ma légèreté, ma faiblesse voulaient tenter de me faire subir la loi de l'oubli, si semblable à cette autre qui ravage le monde et qu'on appelle ingratitude.

Une vie de M. Portalès, racontée dans tous ses détails, comme elle serait intéressante, comme elle serait belle! Elle serait une mine inépuisable de méditations pour le chrétien, pour le prêtre, qui veulent marcher à grands pas dans la voie de la perfection. Ce n'est pas ici notre intention : notre cadre est trop restreint. Plus tard ce travail serait pour nous une occupation bien consolante, mais sans doute que d'autres bien plus savants, bien plus capables, travaillent déjà à cette œuvre que nous accepterons tous avec la plus vive reconnaissance. Notre dessein donc consiste tout simplement à jeter les principaux traits de la vie de M. Portalès, et à présenter à notre admiration, et pour modèle, les tableaux pratiques de ses principales vertus.

L'aimable père que nous pleurons, je le connais depuis huit ans; il m'a fait l'insigne honneur de me regarder comme un ami, il m'a souvent dit qu'il m'aimait beaucoup, il m'a souvent fait entrer dans ses confidences; et je ne pense pas être téméraire quand je crois avoir pénétré son cœur et savoir un peu ce qu'il était. Son intelligence, non, je n'en connais pas toute l'étendue; eh! qui pourrait l'avoir connue? Trop en garde contre l'orgueil qui se glisse quelquefois, qui toujours fait ses efforts pour entrer dans l'âme du savant, constamment il s'effaçait devant des questions qui peuvent donner au talent l'occasion de se montrer. Pourtant, hâtons-nous de le dire, et une fois pour toutes — car nous ne voulons pas nous appesantir sur un point qu'il fuyait — ce ne serait que poussé par une téméraire ignorance que quelqu'un oserait affirmer que ses talents, sa science contrastaient avec ses vertus. — Je ne me vanterai pas d'être plus sagace que qui ce soit quand il s'agit d'une appréciation, mais j'ai assez étudié, j'ai assez vu de monde, j'ai assez fréquenté de savants pour qu'il me soit permis d'oser porter mon jugement. —

On ne peut pas mieux parvenir à se cacher dans ce cas que ne l'a fait toute sa vie M. l'abbé Portalès ; mais quelques efforts que l'on fasse, il est des circonstances où, malgré soi, sans le savoir, on se montre ; et beaucoup de ces circonstances touchant notre vénérable père n'ont pas échappé à mon observation. Je l'ai vu dans des réunions d'ecclésiastiques, je l'ai vu dans l'intimité. — Dans les réunions, lorsqu'on discutait sur des questions controversées et insolubles, il n'ouvrait pas la bouche; il écoutait la conversation et prenait un égal intérêt à entendre les deux partis, dans l'attitude la plus tranquille, toujours avec un doux sourire sur sa figure. Quand on le pressait de donner son sentiment, soit qu'il eut craint de contrarier, soit à cause de son indifférence dans toute opinion, il répondait d'une manière évasive ou il détournait la conversation par quelques mots qui, dans leur simplicité, étaient pleins de tact et d'esprit. Lorsque la question prenait de l'importance, alors surtout qu'il s'agissait de la morale, il s'oubliait quelquefois, il émettait son sentiment qu'il était impossible de ne pas admirer. Il ne mêlait pas à son discours ces cortéges d'autorités que l'on invoque en faveur du pour ou du contre, et qui, en définitive, ne servent qu'à satisfaire la vanité de celui qui parle, mais son esprit et son cœur se réunissaient dans ses paroles comme la justice et la miséricorde dans l'Évangile. Dans ces circonstances, comme dans beaucoup d'autres, qui que ce soit a pu voir que ses décisions en morale étaient frappées au coin du bon sens. Il avait appris cette science admirable, cette science des saints Pères dans son cœur, dans le cœur du divin Maître et par une étude approfondie de l'Écriture Sainte.

Il y a bien des ecclésiastiques qui l'ont connu, qui l'ont fréquenté pendant trente ans, et qui ne savent pas qu'il eut fait des études profondes dans l'Écriture Sainte, dans le texte hébreux, et qu'il était assez savant dans cette langue pour en avoir été professeur. Je le découvris moi-même dans un moment où, sans s'en apercevoir, il résolvait une difficulté à un savant prêtre très-distingué dans la publicité.

Je l'ai vu souvent dans l'intimité. Ici, j'aurais beaucoup à dire ; mais comme je ne me suis déjà que trop étendu sur cette question, je ne rapporterai qu'un fait. Un jour j'allai lui communiquer un article de philosophie que j'avais fait dans un journal religieux : c'était sur la certitude. Il parut lire cette dissertation avec un grand intérêt ; puis vinrent quelques paroles d'une modestie gaie, charmante, qui lui était propre : je m'y attendais ; mais je le poussai tellement, qu'enfin il s'oublia, et me parla sur ces matières de la plus haute métaphysique, de manière à me convaincre que pour l'esprit comme pour le cœur auprès de lui j'étais un tout petit enfant qui sait à peine balbutier quelques syllabes.

En voilà bien trop sur ce point; mais qu'on me le pardonne, nous n'y reviendrons plus. Commençons.

Nous esquisserons d'abord sa vie; puis nous prendrons ses principales vertus une à une, et nous verrons comment il les a pratiquées. Si je suis fidèle dans mes narrations, si je parle de ses vertus comme il me les a enseignées lui-même, le lecteur trouvera que j'ai bien fait d'intituler mon petit livre : LE BON PASTEUR.

I.

Naissance. — Enfance.

Le Vigan est une charmante petite ville du Languedoc, située au pied de l'Espérou, dans un vallon magnifique couvert d'une luxuriante végétation, d'arbres fruitiers de toute espèce, parmi lesquels, d'espace en espace s'élève le chataignier avec ses grandes branches touffues, qui ne contribue pas peu à former dans la plaine, sur les coteaux, sur le penchant des colines, des aspects vraiment poétiques ; elle est arrosée d'une petite rivière et d'une fontaine très-belle, remarquable par ses souvenirs. C'est là que naquit Jean-Brice Portalès de parents pas grands selon le monde, mais devant Dieu, possédant cette véritable noblesse que les temps n'effacent pas, qui fait pleuvoir des bénédictions et germer des vertus; et, certes, c'était à une époque où la pauvre France avait bien besoin de ces bénédictions pour être retirée du profond abîme de misères où elle gémissait alors : c'était le 22 avril de l'année 1894 (2 floréal, an II.)

Et pourquoi ne constaterions-nous pas ici les bontés de la divine Providence qui, à toutes les époques de calamités, même dans les moments où elle fait sentir la pesanteur du bras de sa colère, prépare les bienfaits que devront attirer les supplications et les pleurs. Ce petit enfant, à la vérité, ne devait pas être un de ces hommes dont les faits éclatants remplissent l'histoire contemporaine, dont le nom est une autorité dans toute la terre, dont l'éloquence va frapper tous les échos, dont les publications remuent les masses et font triompher un principe ; ce petit enfant devait être un de ces élus du Seigneur, qui dans le silence de la prière, et le sanctuaire de leur obscurité, offrent au ciel des sacrifices dont la grâce se sert pour féconder les actions les plus retentissantes qui, sans eux, passeraient en faisant du bruit; ce petit enfant devait être un de ces ministres bénis du Seigneur qui fuient avec un soin extrême les honneurs d'ici-bas pour s'occuper avec plus de liberté des âmes que le divin Sauveur aimait avec le plus de complaisance, et qui pourtant sont le plus délaissées. De tels hommes, pour une nation où l'impiété a poussé de profondes racines et commis les plus déplorables ravages, ne sont pas les moindres bienfaits.

Dans des temps heureux Jean Brice fût né au milieu des chants joyeux de l'*alleluia*, car c'était le jour de Pâques ; mais alors, surtout dans les jours de fête, le monstre révolutionnaire épiait les moindres mouvements de l'homme de bien ; et la Religion était obligée de renfermer dans son cœur ses soupirs d'amour et de murmurer à voix basse ses cantiques dans des lieux retirés ou de noirs souterrains.

L'enfance de Jean Brice, quoique humble comme celle des enfants appartenant à cette classe modeste de la société qui vit partie de ses revenus, partie d'une honnête et laborieuse industrie, ne doit pourtant pas être passée sous silence : elle commence déjà à nous fournir des enseignements.

Nous l'avons appris de sa pieuse et vénérable mère ; le jeune Brice quoique très-pétulant était d'une grande docilité : les recommandations, bien moins encore les ordres de son père et de sa mère, n'étaient jamais inutiles.

Leurs bons exemples ne contribuaient aussi pas peu à former son cœur et à le faire aux saintes habitudes des pratiques religieuses.

Dans le jeune Brice, tout enfant, commença l'amour de la prière et des pauvres. Sa bonne mère lui concédait souvent avec un sourire de bonheur le plaisir d'aller apporter lui-même le morceau de pain que le pauvre implorait sur le seuil de la porte; et quand il fut un peu plus grand, ses petites épargnes étaient toujours consacrées à l'infortune.

C'est lui que vous imitiez, vous ses chers enfants des cathéchismes de Bonne-Nouvelle, lorsque obéissant à ses charitables invitations, vous apportiez dans le sein des pauvres les petites réserves pour vos menus plaisirs. Ces faits paraissent ne pas avoir d'importance; mais vous les apprenez avec joie : vous aimiez tant ce bon père! et puis, en continuant à suivre ses conseils vous serez contents de le voir, lui enfant, se mêlant ainsi, à vos actes généreux pour le soulagement des misères; puis encore vous grandirez avec lui, et comme lui vous ne ferez qu'accroître dans vos cœurs l'amour du pauvre, du malheureux, de tous ceux que la fortune poursuit et jette dans la détresse.

Dans la pension où il fit ses études élémentaires, il se faisait également remarquer entre tous les enfants par sa régularité, sa douceur, sa bonne volonté aussi bien que par son intelligence ; il semblait n'avoir aucune peine à pénétrer les explications de ses maîtres, tant il était attentif à leur voix.

De bonne heure il avait témoigné le désir de faire partie de ces enfants privilégiés qu'on admet dans le sanctuaire pour le service des autels. L'enfant qui approche de l'autel, quelquefois hélas! on le voit se familiariser avec les saints mystères. Le jeune Brice, loin de tomber dans ce piége que l'ennemi du salut tend à la légèreté des enfants pieux, profitait chaque jour davantage de l'insigne honneur qui lui était accordé pour nourrir et développer dans son cœur un grand désir qu'il avait de devenir prêtre.

La vocation dans l'enfant se manifeste quelquefois même par ses jeux. L'homme a des tendances pour ainsi dire instinctives qui souvent, dès son plus bas âge, marquent sa place dans l'avenir : le jeune Brice ne mettait pas seulement toute son application et son plaisir a remplir avec exactitude ses devoirs d'enfant de chœur; mais encore chez lui il ne trouvait pas de plus agréable récréation que celle de construire de petits autels, de les orner, de les parer de fleurs et là de s'exercer aux chants et à la prière.

Mais les désirs, je dirai même, la détermination de son père n'était pas conforme à ces dispositions : les temps étaient très-difficiles, on avait besoin du fils aîné dans la maison; et puis pour les prêtres l'avenir était encore sombre. Ces considérations humaines sont si en rapport avec notre nature..... pourtant elles seraient blamables si elles étaient invincibles. Elles furent facilement vaincues dans le père du vertueux enfant lorsque le moment favorable fut arrivé.

II.

Adolescence.—Jeunesse.

Après sa première communion, qu'il fit avec cette ferveur que dans la suite il savait si bien inspirer aux enfants qu'il préparait, à l'âge de quatorze ans, il fut envoyé à Aix, en Provence, pour y faire ses études secondaires. A cause de ses excellentes dispositions et de son amour pour le travail, ses maîtres ne suivirent pas avec lui les règles ordinaires. Dans l'espace de trois ans il avait fait ses cours jusqu'à la rhétorique.

Mais sa santé avait singulièrement souffert de son application ; et à l'âge de dix-sept ans, après sa seconde, il fut obligé de rentrer dans sa famille où les soins de sa bonne mère lui étaient absolument nécessaires. Ils ne lui manquèrent pas ces soins pleins de tendresse ; mais quelque empressés qu'ils fussent, le jeune lévite fut obligé de passer dix-huit mois dans le repos.

Il est des hommes pour qui souvent le repos est profitable, pas seulement pour la continuation du développement des qualités du cœur, mais encore pour l'intelligence. Un complet repos eût été plutôt nuisible au jeune Brice, à cause de l'activité de son âme. Il ne perdit donc pas de vue son but, partant ses études ; et par de tranquilles lectures, de paisibles réflexions, des conseils qu'il recevait des ecclésiastiques qui se faisaient un plaisir de le voir, il termina ses cours d'humanité.

Lorsque sa santé fut à peu près rétablie il entra au grand séminaire d'Avignon où il fit ses études de philosophie et de théologie.

Pendant tout le cours de ses études, notre aimable élève du sanctuaire ne se distingua pas seulement par ses exquises qualités du cœur, mais encore par une intelligence choisie : j'ai vu nombre de personnes qui l'avaient connu alors, qui avaient étudié avec lui ; une de ces personnes, qui le connaissaient plus spécialement, s'est servie de ces expressions : *Son cœur, il est vrai, a semblé toujours éclipser son intelligence; néanmoins quant aux talents, incontestablement, il était* l'aigle *du séminaire.*

Dans le court espace de temps où nous l'avons vu à l'étude, il ne s'était pas contenté d'apprendre seulement le strict nécessaire; c'est-à-dire le latin et la théologie qui étaient alors les limites de l'exigence pour être prêtre, à cause de la pénurie dans laquelle l'Église de France se trouvait : il avait fait en outre des études profondes dans l'histoire, les belles-lettres, la philosophie, le grec, l'hébreux et surtout l'Écriture sainte.

Si notre cadre était plus large, nous le suivrions déjà dans l'exercice de son zèle pendant ses études, et nous le verrions, malgré ses fatigues intellectuelles, faisant un brillant apprentissage de ces travaux d'apôtre qui, dans la suite, l'ont rendu si grand devant le Seigneur.

Près de quatre ans après son entrée au séminaire d'Avignon, encore une fois sa santé fléchit sous le poid de son courage ; et cette fois d'une manière bien plus alarmante : il s'était épuisé au point de faire craindre un délabrement complet de sa poitrine. Mais alors sa jeune vie, quoique longue de mérites, n'avait pas encore satisfait les desseins de celui qui est le maître de toute chose ; par lui, devaient encore tomber du ciel quarante ans de bénédictions.

Contre toute prévision ses forces se rétablirent ; et, pour lui donner le temps et le mettre dans l'obligation de rétablir une santé si précieuse, on lui fit accepter la fonction de précepteur de deux enfants chez M. le comte René de Bernis.

Il est des familles du grand monde, surtout dans la haute aristocratie d'autrefois, au milieu desquelles règne le véritable esprit de religion : les pensées larges, les généreux sentiments, la franchise, la loyauté, le dévouement aussi bien que les richesses semblent être leur propriété. Cependant la splendeur de leur rang, le nécessaire entourage de leur position sociale, pour celui qui est habitué à la simplicité d'une médiocre aisance, lorsqu'il lui est donné d'en être témoin et d'en jouir, peuvent devenir une fatale pierre d'achoppement. « Prenez garde, me disait un jour, avec beaucoup de raison, le vénérable curé de N.-D. des Victoires, en me confiant une position analogue à celle dont nous parlons : la vanité, l'ostentation, les désirs illégitimes ont leur résidence au milieu des lambris, et font aisément leur proie des imprudents qui les affrontent sans circonspection, sans humilité. » Oui, il y a toujours à craindre pour la vertu quand elle est exposée à un semblable péril. Mais le jeune Brice Portalès était fortement armé contre ces terribles attaques et le faux brillant des splendeurs passagères, l'idée des jouissances d'une multitude innombrable de plaisirs, l'avenir fantasmagorique qu'offre l'assurance de hautes protections, enfin toutes les suggestions de la vanité et de l'orgueil vinrent échouer contre son humilité, sa sagesse et sa prudence. Il avait déjà appris de S. Paul que le chrétien doit *savoir vivre dans l'abondance et dans la disette;... qu'il faut user des biens de la terre comme n'en usant point,.. car les apparences de ce monde sont futiles;* et la présence de tous les dehors de bonheur humain ne produisait pas plus en lui de désirs et d'orgueil que la disette n'aurait fait de regrets et de désespoir.

Dans sa conduite, il n'y avait pourtant aucune affectation ; et la droiture de son jugement, la simplicité qui a toujours été une de ses plus aimables vertus, le tenaient également éloigné du défaut contraire à celui que nous venons de signaler : je veux dire qu'on ne l'a jamais vu de cette sévérité sombre à laquelle souvent un homme qui est en garde contre lui-même se laisse aller en face d'un monde dont les apparences sont contraires à l'humilité, à la sainte sévérité de l'Évangile. Son sourire toujours gracieux et ses paroles desquelles jamais la vérité ne chassait une juste tolérance, lui attiraient les cœurs et faisaient aimer la vertu.

Cependant arrivait l'époque où il fallait

songer d'une manière spéciale à franchir le seuil du sanctuaire et à se revêtir du caractère sacerdotal ; mais ses supérieurs le connaissaient et ils savaient bien que pour préparation immédiate aux ordres sacrés il n'avait besoin d'autre retraite que de celle qu'il trouvait au fond de son cœur, même au milieu du monde.

III.

Prêtre. — Chapelain.

Jean-Brice PORTALÈS fut élevé au sacerdoce, aux quatre-temps de Noël, en 1820. Il avait 26 ans.

Revêtu du caractère sacré de l'homme à qui il est dit : *Allez, enseignez toutes les nations, les baptisant au nom du Père, du Fils et du Saint-Esprit* ; et : *ce que vous lierez sur la terre sera lié dans le ciel, et ce que vous délierez sur la terre sera délié dans le ciel*; le zèle de son cœur ne put plus se borner à l'éducation de deux enfants. Mais avant de les quitter il dut les conduire au collége, à Paris. Là, après bien des sollicitations, après avoir considéré lui-même que la population parisienne, surtout celle de la banlieue, avait bien plus besoin de prêtres que son diocèse, où la religion avait bien moins souffert, il se détermina à y rester. Sa santé pourtant ne lui permettait pas d'occuper une position difficile ou fatigante, et il fut fait tout simplement chapelain des Frères des écoles chrétiennes du Gros-Caillou. Cette fonction lui plut beaucoup, non-seulement à cause de son humilité, mais encore parce que là il lui serait permis de travailler spécialement au bien des pauvres et de cette classe ouvrière qui, à cause de ses travaux grossiers, est entraînée dans un déplorable abrutissement du cœur.

Sa position là contrastait singulièrement avec celle où il était dans la famille de Bernis. Ici, il était dans l'abondance; là, avec de très faibles appointements et son amour des malheureux, il était nécessairement dans la disette; ici les dehors d'une exquise et attrayante civilité, là il se trouve sans cesse face à face avec ce que la nature humaine a de plus abrupt; ici la reconnaissance se traduit par les témoignages d'une amitié charmante, où la courtoisie ne le cède qu'à la munificence, là il y a peut-être du cœur, toujours est-il qu'il se cache souvent, et que lorsqu'il se montre, il faut savoir découvrir le remercîment de l'amitié, même sous des dehors d'insolence. Ici, il y a des enfants à conduire, mais ces enfants ont sucé avec le lait de leur mère, la docilité, la douceur, une délicieuse naïveté, et ont acquis ces formes enchanteresses qui forcent à les aimer; là, au contraire, des enfants qui, toujours témoins des murmures du besoin, d'irritations quelquefois mêmes barbares, des fatigues morales d'une nature écrasée de déboires, ou de plaisirs grossiers qui couvrent la démoralisation d'un vernis d'horreur, ne présentent que l'instinct du vice, tandis que leur principe de vertu est enveloppé dans un massif assemblage de mauvaises habitudes.

Eh bien ! telle est la marque distinctive des bons ministres du Seigneur : ils entendent la voix et l'exemple de leur divin maître et modèle qui leur dit : *Ce n'est pas ceux qui se portent bien qui ont besoin du médecin, mais ceux qui sont malades ;* et encore leur propre cœur se réunit à cette voix parce que leurs frères bien-aimés sont ceux que la souffrance étreint ; et leur bonheur est d'aller pleurer avec ceux qui pleurent plutôt que d'aller rire avec ceux qui rient ; ils ont plus de consolation à rechercher la brebis qui erre sur les penchants scabreux de l'abîme que d'être dans un gras pâturage préposé à la garde d'un tranquille troupeau. Tel était le jeune chapelain des Frères du Gros-Caillou.

Il soignait ces pauvres enfants du peuple travailleur avec une tendresse vraiment maternelle. Il les attirait par sa douceur, ses largesses, et leur faisait pénétrer les vérités saintes par les instructions les plus attrayantes, en même temps et les plus simples ; puis par des anecdotes à leur portée, et saisissantes, il éveillait en eux l'amour de la vertu. Le jour ne lui était pas suffisant : dans ses recherches de bon Pasteur, il trouvait des enfants, des jeunes gens mêmes complétement négligés pour la religion, qui le jour étaient obligés de gagner leur pain et souvent celui de leur famille ; pour eux, il fonda un catéchisme du soir. Ainsi, jour et nuit, il évangélisait les pauvres.

Il trouvait quelquefois de ces malheureux qui ne pouvaient obéir à ses insinuantes invitations ni le jour ni la nuit; il cherchait néanmoins des moyens pour porter un peu la bêche dans ces terres incultes. Il profitait de tout : c'est ainsi qu'on le voyait souvent aller sur les bords de la Seine, au milieu des pêcheurs, des bateliers, des hommes de peine qui sont là pour le service public. Il n'avait dès l'abord guère de peine à lier connaissance et à faire supporter son aimable conversation ; puis il choisissait les moments où ils avaient un peu de relâche, surtout les heures de leurs repas, et il remplaçait leurs discours presque toujours hideusement désordonnées par des entretiens intéressants, utiles, par des récits qui les captivaient et les faisaient graviter vers le bien.

On conçoit que sa faible santé ne fût guère en rapport avec le travail que lui donnait naturellement sa position, réuni à tant de fatigues qu'il allait chercher partout à tout moment du jour et souvent de la nuit. On cherchait à le modérer, mais il n'y avait qu'une invincible maladie qui pût le forcer à garder de temps en temps quelques jours de repos. Après trois ans de ce travail bien au-dessus de ses forces, il fut obligé de le suspendre complétement ; et, par une obéissance supérieure, de prendre les soins qui lui étaient absolument nécessaires.

IV.

Premier Vicaire de Notre-Dame de Bonne-Nouvelle.

Cependant le curé de N.-D. de Bonne-Nouvelle, le respectable M. de Cagny vint à avoir besoin d'un premier vicaire.

M. de Cagny était une de ces vénérables reliques du clergé français qui avait supporté tous les ouragans de la révolution ; de sa munificence, il avait racheté la petite église de N.-D. de Bonne-Nouvelle, et l'avait rendue au culte.

A l'époque dont nous parlons, en 1824, son âge et l'état de sa santé le mettaient dans l'impossibilité de suffire à son importante mission ; et il ne lui fallait pas seulement un premier vicaire, mais encore un autre lui-même, mais lui-même plein de cette vigueur et de cette infatigable charité qui lui avait fait affronter et traverser les plus effrayants périls, subvenir aux besoins toujours croissants d'une population pauvre et commencer les travaux nécessaires à son église, beaucoup trop étroite et presque tombant en ruine. C'était donc un prêtre choisi qu'il lui fallait pour premier vicaire.

L'archevêque de Paris, monseigneur de Quélen, dont la sagesse et le zèle inébranlable égalaient l'esprit et l'éloquence, appréciait M. de Cagny et le besoin dans lequel il était ; puis ce grand prélat connaissant son clergé, sut découvrir dans la plus humble position du diocèse et dans les simples apparences d'un pauvre prêtre ignoré, la sagesse, le zèle, la science, toutes les vertus nécessaires pour la place difficile qu'il fallait remplir auprès de M. de Cagny. Ce pauvre prêtre était le chapelain des Frères du Gros-Caillou.

Le premier supérieur rencontra ici un obstacle assez rare, quand il s'agit de donner de l'avancement, et surtout un avancement si considérable ; et cet obstacle, il ne put le surmonter qu'avec son autorité de maître. C'est une chose remarquable dans les hommes de Dieu, les motifs qui ne sont rien pour eux quand il s'agit de donner un libre cours à leur zèle, deviennent des raisons qu'ils présentent comme invincibles pour décliner les honneurs. A la proposition qui lui fut faite, M. Portalès répondit : « que Monseigneur s'était mépris, sans doute, et que c'était sur quelque autre qu'il avait jeté les yeux : car en lui il n'y avait rien qui le rendît capable d'une place aussi importante ; outre l'incapacité qui provenait de sa jeunesse, de son inexpérience et de son peu de talent, il avait une santé qui ne pourrait jamais suffire aux travaux d'une telle position ; qu'il reconnaissait avoir singulièrement besoin de repos ; et qu'enfin si sa position facile était trop onéreuse pour lui, que ne serait pas la charge de presque toute une paroisse comme celle de Bonne-Nouvelle. » Il lui fut répondu : « qu'une position quelconque dans le saint ministère a autant de travail qu'on en veut ; que partout, ce travail, on peut le prendre avec une modération conforme à sa santé; que pour son expérience, sa sagesse, ses talents, ce n'est pas lui qui devait en être le juge; que d'ailleurs la vertu d'obéissance entraînait toujours avec elle des grâces d'état; et qu'enfin la détermination était prise et qu'il n'avait qu'à obéir. »

En présence d'un commandement si formel le serviteur de Dieu n'eut qu'à courber la tête et à faire ses préparatifs pour quitter ses chers enfants, sa chère classe ouvrière du Gros-Caillou. Il en a toujours conservé le plus tendre souvenir. « Ils m'aimaient tant, disait-il quelquefois; et pourquoi ne les aurais-je pas aimés? Ils avaient sans cesse de bonnes attentions pour moi. Il n'y a pas jusqu'aux jolis bouquets que m'apportaient chaque jour les maraîchers des environs, pour mon autel de Marie, dont je ne me souvienne avec le plus sensible plaisir. Pauvres chers amis ! j'aurais bien voulu passer toute ma vie au milieu d'eux ! Mais que voulez-vous ? ajoutait-il en souriant, le bon Dieu me les avait donnés, le bon Dieu me les a ôtés, que sa sainte volonté soit faite. »

Quand M. l'abbé Portalès partit du Gros-Caillou pour aller s'établir à deux lieues de là, il excita dans cette partie de la banlieue les mêmes démonstrations de regrets qu'aux îles lointaines dans l'intéressante population des nègres, le départ des excellents ministres de l'Évangile qui leur ont apporté les bienfaits de la foi et qu'elles ne doivent plus revoir.

On peut concevoir toutes les peines que, dans une place si importante, le jeune prêtre eut à souffrir, tous les obstacles qu'il eut à surmonter, toutes les délicates précautions qu'il eut à prendre. Il ne faillit en rien de tout cela. Sa patience inaltérable, sa douceur, son activité et sa prudence lui firent gravir le scabreux sentier qui commençait sa nouvelle carrière.

Jusqu'en 1820, l'église Bonne-Nouvelle n'avait été qu'une petite chapelle qui pouvait à peine contenir six cents personnes. Pourtant cette paroisse s'était singulièrement agrandie, il fallait nécessairement dilater ses murs. Les largesses que le zèle de M. de Cagny lui avaient fait faire pour sa paroisse lui avaient consumé à peu près toute sa fortune, et les premiers travaux, commencés en 1820, se continuèrent avec beaucoup de lenteur.

A l'arrivée de M. Portalès comme premier vicaire, on prit de l'activité, et M. de Cagny put voir l'inauguration provisoire de la partie de l'église qui va de la porte d'entrée jusqu'à la chapelle de la Sainte-

Vierge ; et la partie ancienne fut séparée de celle-là par des planches, pour qu'on pût commencer la construction du chœur actuel.

M. de Cagny, le 15 février 1826, premier jour du grand jubilé, rendit son âme à Dieu, emportant les plus profonds regrets de toute sa paroisse, que depuis trente-six ans, il réchauffait dans le sein de son immense charité, et qu'il n'avait pas quittée un seul jour, même au milieu des plus dévastatrices tempêtes de la démagogie républicaine. Pendant sa vie, il fit un bien immense à son troupeau ; ses vertus attirèrent d'abondantes bénédictions ; et parmi ces bénédictions, la plus précieuse, je crois, fut le saint coadjuteur qui lui fut envoyé. Dans le ciel il continua ses prières et le Seigneur continua ses bienfaits.

Au vénérable M. de Cagny, succéda

Jean-Baptiste Paradis, curé de Sainte-Valère du Gros-Caillou. Ce digne curé, qui sut bien apprécier les mérites du premier vicaire, ne vécut que trois ans à N.-D. de Bonne-Nouvelle. Son frère, Léonard Paradis, premier vicaire de Saint-Roch, lui succéda au commencement de l'année 1830. Mais lui aussi ne vécut pas longtemps pour Bonne-Nouvelle; il mourut en 1831, le jour anniversaire de son installation, peu après la consécration de l'église telle qu'elle est maintenant.

Le zèle, les travaux, le désintéressement, toutes les vertus du premier vicaire, depuis son entrée à Bonne-Nouvelle, malgré sa modestie et son humilité, s'étaient montrés par les faits les plus éclatants. Au milieu des embarras sans nombre qu'entraînent nécessairement les constructions, les renouvellements répétés dans une église, au milieu des rigueurs des saisons, au milieu du fracas des bouleversements politiques, il est impossible à la vertu de renfermer le mérite de ses travaux dans le silence d'une obscurité qu'elle aime : le zèle porte l'homme de Dieu au grand jour si c'est là que le besoin se présente. Par bonheur, dans ces temps difficiles, la santé de M. Portalès ne lui fit pas défaut; il se multipliait de toutes parts, il subvenait à tout.

Le danger des révolutions, loin de l'arrêter, semblait donner un nouvel élan à son activité et à son courage. L'anarchie de 1830 avait quelque chose de féroce, quelque chose de 93; elle jetait la terreur dans toutes les âmes; les hommes religieux, surtout les ministres du Seigneur, avaient tout à craindre. Mais il y avait des malades à visiter, des mourants à administrer, des blessés à secourir, des pauvres à soulager, des morts à bénir. Eh bien! rien n'arrêtait l'intrépide serviteur de Dieu : il remplissait tous ces devoirs ; la nuit pendant les sons alarmants du tocsin et les cris aux armes ; le jour, malgré les roulements sinistres du tambour et le bruit des fusillades. « Dans un moment quelconque, disait-il aux employés de l'église, ne refusez à qui que ce soit quand on viendra demander du secours. Si je suis chez moi, venez me chercher tout de suite, si je suis auprès des malades, qu'on m'attende, je ne tarderai pas à revenir. » Il n'y a pas bien longtemps encore qu'un de ses vieux serviteurs de l'église en me racontant un peu les faits dont nous parlons, se prit à verser des larmes et joignant les mains, il s'écriait : « Ah! monsieur, si vous saviez tout.... Si vous l'aviez vu alors.... Quel homme! » Les sentiments d'admiration qui débordaient par ces larmes et ces paroles, non-seulement c'est l'unique éloge qu'on puisse faire, mais encore c'est le plus beau.

Un zèle aussi ardent, un dévouement aussi généreux, une activité aussi intrépide ne pouvait faire autrement que d'attirer tous les regards et de le faire aimer par les bons, estimer, vénérer, respecter par tout le monde. Malgré les irritations d'un peuple excité par les partis du désordre ou de l'ambition, malgré les calomnies répandues contre les prêtres, pendant qu'il affrontait tous les périls pour obéir à l'ardeur de sa charité, il n'eut à souffrir aucune atteinte de la part des malfaiteurs : ses vertus semblaient être devenues pour lui comme un bouclier contre lequel les méchants ne voulaient pas dépenser inutilement leurs armes.

M. Léonard Paris, curé de N.-D. de Bonne-Nouvelle, venant à mourir, les premiers supérieurs ne voulurent pas que ce bouclier protégeât seulement sa personne, et malgré sa jeunesse, malgré cette habitude presque transformée en loi, qu'un vicaire d'une paroisse n'en devient jamais, au moins immédiatement, curé; les désirs de tout le monde furent accomplis et M. Portalès fut appelé à être le premier pasteur de ce troupeau, pour lequel il avait déjà fait tant de sacrifices, essuyé tant de fatigues.

V.

Curé de N.-D. de Bonne-Nouvelle.

Il est peu d'hommes à qui le changement de position, l'élévation aux honneurs, la possession d'un pouvoir important surtout, ne fassent subir une modification, quelquefois même une transformation remarquable dans le caractère, les habitudes, les humeurs. Il ne faut pas avoir longtemps fréquenté les hommes pour avoir nombre d'exemples à citer sous ce rapport. Tel, dans une médiocrité proche de la gêne était bien réellement disposé aux plus grandes largesses et démontrait sa disposition en partageant de bon cœur ses petits gains avec celui qui est dans le besoin ; qu'il soit mis en possession de revenus bien au-delà nécessaires à son existence, alors je ne sais quels sentiments de prudence, de sagesse, d'économie, de prévision de l'avenir, rétrécissent son cœur : il rentre en lui-même, accumule, et croit déjà faire beaucoup en abandonnant quelques miettes de son superflu. Celui-ci, dans une position subalterne, était doux, aimable, affable, tolérant, conciliant; maintenant supérieur, il est devenu sérieux, sombre, tout lui porte ombrage : une conversation à voix basse, une démarche quelconque, un mouvement, jusqu'à un léger sourire, rien n'échappe à son observation, et ses interprétations sont rarement en faveur de ses soumis; il n'a jamais été intrigant, il les détestait, et maintenant il ne les voit pas, il en devient la proie; autrefois, il était charmant avec ses frères, ses amis, aujourd'hui il est un fardeau pour ses subordonnés. Celui-là, quand il était sous l'obéissance, ou qu'il n'avait à commander qu'à lui seul, ne songeait à lui-même sous aucun rapport, il se prodiguait en tout; son désintéressement et son courage ne lui faisaient considérer que le moment présent; il ne savait pas ce que c'est qu'une réserve, même pour sa santé, il fallait accomplir un devoir, un acte généreux, voilà tout; maintenant on prend des précautions, on soigne sa santé, on évite les fatigues; parce qu'on s'est laissé dire :

qu'on ne se devait pas à soi-même, qu'il fallait se conserver pour le bien de sa position, que la santé était un don précieux, enfin, beaucoup de ces petites choses auxquelles l'amour-propre se laisse prendre avec la plus nonchalante facilité. Quelquefois les changements ne sont pas aussi tranchants, mais presque toujours il y a de pénibles modifications.

La raison de ces tristes vérités, c'est que les qualités bonnes et naturelles, dans bien des hommes ne sont pas transformées en vertus et nourries comme telles par un solide esprit d'humilité et de renoncement à soi-même; ou que les vertus que l'on a acquises, sont devenues des habitudes, faute encore de méfiance de soi-même; et que des qualités et des habitudes, quelque bonnes qu'elles soient en elles-mêmes, ne sont pas capables de résister à la puissante influence de l'amour-propre et de l'orgueil qui se réveillent tout-à-coup quand on est revêtu d'une dignité supérieure à la position où l'on se trouvait.

Les qualités éminentes de M. Portalès ne furent jamais des habitudes, elles furent toujours des vertus, des vertus maintenues, nourries, dilatées par une humilité profonde, un complet renoncement à soi-même, une vigilance continuelle sur les atteintes de l'amour-propre. Voilà pourquoi il fut toujours le même dans toutes les positions : ses aimables vertus n'éprouvèrent du changement qu'en devenant plus aimables ; à mesure qu'il avançait, sa générosité ne faisait que prendre du développement ; son désintéressement a toujours été au-dessus de ses facultés ; son dévouement n'a jamais échoué contre une seule épreuve ; hélas ! c'est sa vie qui a échoué contre son dévouement !

Dans sa première année pastorale en 1851, sa charité et son zèle eurent un nouvel aliment, ce fut le *choléra*.

Il y avait soixante ans que d'une manière bien visible le ciel donnait de terribles avertissements à la France, et la punissait, pour la guérir, de ses aberrations intellectuelles et morales. Les fureurs intestines, les disettes, les pouvoirs exerçant la plus atroce tyrannie, le sang le plus auguste répandu sur un sol fécondé si souvent par les bienfaits d'une spéciale protection divine, les plus horribles fureurs de la guerre, de stupides barbares devenus nos maîtres et nous imposant des lois, ces cortéges de fléaux étaient autant de voix qui nous criaient : *Enfants* de la France, *jusques à quand allourdirez-vous vos cœurs? Jusques à quand ne voudrez-vous pour bonheur que la vanité? Pourquoi courir toujours après les rêves du mensonge?* Mais ce n'était pas assez, car peu après quelques moments de pleurs, nous avons encore laissé nos cœurs errer au gré de nos caprices, et Dieu nous a envoyé un nouveau messager de sa colère.

C'est un terrible fléau que le choléra; les plus douloureux spectacles sont les traces de sa marche invisible, insaisissable. Que de pauvres âmes ont été alors victimes de leur imprévoyance, de leur indifférence pour le salut! Pourtant il en est encore un grand nombre auxquelles il reste un jour, quelques heures, quelques minutes: malgré les horribles douleurs, les yeux s'ouvrent, l'éternité est là, et l'on implore les secours du ciel, seule consolation pour les âmes à qui tout échappe.

Dans cette circonstance, le clergé parisien se montra dans toute sa beauté : il fit voir — comme au reste dans tous les moments où il a fallu affronter la mort — ce que peut le Français revêtu du caractère sacerdotal. Mais, comme dit saint Paul, parmi les étoiles, il en est dont la lumière est plus resplendissante ; et parmi tous ces héros de la charité, il en est dont le front doit être ceint des plus magnifiques couronnes. Certes, la plus belle de toutes ces couronnes, oui, je ne crains pas de le dire, maintenant elle brille sur le front de notre vénérable père.

Il existe encore un grand nombre de témoins du zèle de M. Portalès, pendant que le choléra ravageait sa paroisse. Eh bien ! quel est celui-là qui pourrait dire l'avoir vu un seul moment dans le repos ; quelques heures d'un sommeil nécessaire étaient interrompues souvent — c'est ainsi qu'il le voulait, et alors il voulait impérieusement. — « Allons, du courage, mes amis, disait-il à ses employés, nous n'en avons pas pour longtemps ; c'est la moisson, remplissons nos greniers tout en ouvrant les portes du ciel à nos frères. » La lassitude n'avait aucun empire sur lui : il devait la sentir, mais quand il n'y aurait plus rien à faire. Il ne s'est jamais informé si l'épidémie était contagieuse ; il s'approchait des mourants, se penchait sur eux comme pour leur communiquer la vie nécessaire pour les préparer à leur entrée dans l'éternité, leur parlait, les consolait, les caressait, en un mot, il faisait comme une mère avec son enfant qu'elle tient expirant dans ses bras ; puis encore un mot d'encouragement à la famille, enfin quelques largesses si l'on était dans le besoin ; et vite, il disparaissait pour aller recommencer auprès d'autres moribonds. Il n'est presque pas une maison dans la paroisse, presque pas d'étages qui ne se glorifie d'avoir été l'objet de l'infatigable empressement de son bien-aimé pasteur pendant cette effroyable calamité publique.

VI.

Le bon Pasteur.

Celui qui est descendu du ciel pour régénérer le monde, l'élever, le rendre digne d'offrir des sacrifices à la majesté divine, a dû puiser dans les trésors de son infinie miséricorde et de son inaltérable sagesse, non-seulement les préceptes et les conseils, mais encore l'amour par lequel il s'est fait modèle en tout, afin que l'homme obéît au besoin de perfectibilité qui se trouve dans sa nature. Dans la vie de Jésus, donc, nous pouvons tous reconnaître les traces du sentier que nous avons à parcourir. Ce maître divin avait cependant une sollicitude particulière : car il devait sauver toutes les générations et conséquemment, il avait à se perpétuer, non-seulement par sa présence mystique, mais encore par ses successeurs, ses disciples; et ses disciples ne devaient pas être seulement revêtus de son pouvoir, mais encore de ses vertus de pasteur des âmes. Voilà pourquoi il n'y a pas une page dans l'Évangile, un acte dans sa conduite où il ne montre à ses disciples ce qu'ils devront être auprès des âmes qui leur seront confiées.

Les pasteurs des âmes doivent donc apprendre de Jésus :

Qu'il faut être doux et humble de cœur;

Qu'il faut avoir la prudence du serpent mais aussi la simplicité de la colombe;

Que bienheureux sont ceux qui ont l'esprit de pauvreté;

Que dans la foi se trouve la puissance;

Que la confiance en Dieu ne sera jamais confondue;

Que dans l'amour de Dieu et de ses frères est renfermée la plénitude de la loi;

Que la miséricorde est préférable à la sévérité de la justice;

Qu'il faut avec le plus grand soin chercher la brebis égarée et la rapporter au bercail;

Enfin que le bon Pasteur se consacre

tout entier à sa mission et donne sa vie pour son troupeau.

Quelle est celle de ces vertus qui se montrent si parfaitement dans le miroir d'amour et de justice et que n'ait pas pratiquée notre bon Pasteur M. Portalès? Je vous le demande, à vous, paroissiens de N.-D. de Bonne-Nouvelle, qui l'avez vu pendant trente-deux ans.

N'est-il pas vrai qu'il était doux et humble de cœur? Vous ne l'avez jamais entendu parler de son pouvoir, de son autorité; il ne manifestait jamais que ses désirs et toujours avec l'accent de la prière, toujours avec un doux sourire dans ses regards, une ineffable aménité dans ses paroles, et des allures engageantes qui chassaient de son extérieur les apparences d'une supériorité qui impose la crainte, pour faire place aux démonstrations d'une sollicitude prudente et paternelle qui pénètre d'amour et de vénération. Dans son clergé on voyait qu'il était le premier de tous, seulement par la place que lui imposait une obligation cérémoniale; autrement, partout ailleurs il venait après tous les autres, il parlait après tous les autres, il n'affrontait jamais le sentiment de qui que ce fût; il était le très-humble et très-aimable serviteur de tout le monde. A plusieurs reprises, des fonctions plus importantes que la cure de Bonne-Nouvelle lui furent offertes, entre autres l'évêché de Luçon. « Comment, dit-il alors, est-il possible qu'on s'abuse jusqu'à ce point sur mon compte?... Et puis mes bons paroissiens de Bonne Nouvelle, que j'aime tant!... Ah! jamais je ne pourrais consentir à les quitter. Et puis encore.... — Et puis quoi! lui dit un de ses prêtres. —

Vous savez, répondit-il, dans ces positions éminentes on est quelquefois dans la nécessité de sévir cruellement; et je suis tellement faible qu'il me serait absolument impossible d'y consentir. »

Il était prudent comme le serpent, mais simple comme la colombe. Chaque homme a ses sentiments, ses goûts particuliers dont il ne peut pas se défaire : de là les conflits, les troubles, les bizarreries qui couvrent la surface de la terre. Pourtant, si l'homme n'a pas la puissance d'abjurer ses opinions, ses penchants, la vertu a celle de leur imposer silence. Pendant les mouvements politiques, les disputes, ou plutôt les fureurs des partis, les renversements de pouvoirs qui, si longtemps, ont bouleversé la capitale, il y a eu bien des hommes que l'excès de leur zèle pour une opinion a mis dans l'impossibilité de faire le bien, beaucoup qui n'ont pu le faire qu'en partie, parce qu'ils étaient aimés des uns, abhorrés des autres. Lui, M. Portalès, le bon pasteur, aimait trop toutes ses brebis pour se montrer le moins du monde contraire aux intérêts de quelqu'un. Il était le même à l'égard de tout le monde : il montrait à tous qu'il leur voulait du bien. Jamais on ne l'a entendu, je ne dirai pas sérieusement parler sur une opinion, mais seulement manifester de préférence pour un parti. Et voilà pourquoi il s'était également fait aimer des hommes les plus contraires quant aux manières de voir. La prudence qu'il gardait inviolablement dans ce cas était la même sous tous les autres rapports, et quant à lui-même et quant à ses frères ; mais elle n'entraînait avec elle rien de sombre ; et la duplicité, qui est le vice dont on doit le plus se méfier dans la pratique de la prudence, était infiniment éloignée de lui : on peut même dire que la simplicité de la colombe était sa vertu par excellence. Il n'avait pas plus de malice qu'un enfant, et la candeur de son âme se traduisait par un langage toujours plein d'une charmante ingénuité. Il se plaisait beaucoup avec les enfants : il causait avec eux comme eux-mêmes ; il prenait leur ton, leurs gestes, leurs expressions, leur grâce, leur enjouement. Que dis-je ? il prenait : ces manières lui étaient tellement naturelles qu'il ne pouvait pas s'en défendre, même parfois dans ses instructions ; et ce n'était certes pas, je crois, un des moindres moyens par lesquels il savait si bien faire aimer la vertu.

Il comprenait que *bienheureux sont ceux qui ont l'esprit de pauvreté*, et il enviait de toute son âme cette si glorieuse béatitude. De là cet amour ardent, j'oserais presque dire proverbial qu'il avait pour cette classe de la société que se disputent tous les besoins, toutes les infortunes; de là ce large désintéressement qui lui faisait répandre avec profusion les revenus considérables que lui donnait sa position; de là ce bonheur qu'il éprouvait à réunir autour de lui ses pauvres, à leur parler, à aller les visiter, les consoler dans leurs misérables réduits.

Il savait que dans la foi se trouve la puissance du ministre du Seigneur, que c'est elle qui est le principe vivifiant de ses vertus et de ses travaux; et il l'avait cette foi, il la réchauffait dans son cœur par toute sorte de bonnes œuvres, par la prière, la méditation, une dévotion tendre au Saint-Sacrement, une application constante à honorer Dieu lui-même dans tous ses frères. Et de sa bouche, de ses regards, de toute sa personne, cette foi de son cœur se répandait avec profusion sur tous ceux qui avaient le bonheur de l'entendre et de le voir.

Profondément pénétré de cette vérité que celui qui met son espérance en Dieu ne sera jamais confondu, jamais on n'a vu paraître sur son front seulement l'ombre de cette sombre tristesse qui tourmente l'âme même de beaucoup de personnes pieuses, parce qu'elles se laissent aller à la crainte d'un terrible avenir. Il mettait toujours le plus grand soin à glisser dans les cœurs la confiance avec la bonne volonté.

La charité, la tolérance, le zèle, vertus si belles! et recommandées avec tant d'instance par le divin législateur, pendant trente-deux ans les paroissiens de Bonne-Nouvelle les ont vu briller dans toute leur beauté. Nous en parlerons plus tard lorsque nous nous édifierons d'une manière spéciale sur les vertus de notre bon pasteur ; mais puisque nous considérons en passant sa vie de curé, il est impossible de ne pas remarquer quelques circonstances où elles ont été mises en pratique.

Nous l'avons vu déjà pendant le choléra de 1832. Le zèle ardent qui lui fit opérer alors tant de prodiges de charité s'est renouvelé toutes les fois que le peuple a gémi sous le poids de quelque calamité. En 1849 surtout on l'a vu recouvrer l'ardeur de sa jeunesse et pour ainsi dire se surpasser lui-même. Nous parlerons aussi plus tard des bonnes œuvres qu'il a fondées, qu'il a poursuivies par tous les sacrifices, et du bien qu'il leur a fait produire; mais sachons dès à présent qu'il est un grand nombre de familles qu'il a arrachées au désespoir et remises dans la voie de la prospérité; qu'il n'y a pas un pauvre connu qui n'ait reçu ses secours et ses consolations, et qu'il a fait disparaître de nombreux et déplorables scandales pour les remplacer par le bon exemple d'une vie de famille chrétienne, ou la prière que présente au ciel la souffrance d'une vieillesse qui vit du pain de l'aumône. Pour la tolérance, non pas certes cette tolérance qu'a inventée l'indifférence en matière de religion, pour laquelle il faut dédaigner tout principe de croyance et de morale; mais cette tolérance du cœur de Jésus, par laquelle on se met à la portée des infirmités humaines, qui fait verser des pleurs plutôt que lancer des anathèmes, qui fait la part d'une faiblesse invincible et celle d'une miséricordieuse justice, qui fait que l'on est indulgent pour les autres, tandis qu'on se traite avec rigueur soi-même, qui présente le *joug doux* du Seigneur et renverse le *fardeau importable* du Pharisien ; qui, sans supposer de mauvaises intentions, excite à la condescendance dans les entraînements d'une effervescence non coupable, qui verse des larmes auprès du pécheur et le pardonne, cette tolérance, dis-je, était toute dans l'âme de notre Bon-Pasteur; et de son âme elle se répandait dans toutes ses actions.

Je ne rapporterai ici qu'un exemple de sa manière d'agir avec son esprit de tolérance : ce fut pendant la conflagration politique qui renversa un régime dont la perfidie et l'impiété voilée par l'hypocrisie, avait tourmenté l'Église de France et fatigué la longanimité de la justice suprême. Les cris de *vive la liberté* s'étaient élevés dans la capitale, et le gouvernement qui avait employé dix-huit ans à se revêtir de formes redoutables contre toute tentative, disparut comme un fantôme. Le peuple devenu maître — disons-le à sa louange — se laissa conduire comme un enfant par son instinct religieux. Il voulut les insignes de la liberté par lesquelles, hélas! les méchants, bien des fois, l'ont entraîné dans la perversité de la licence, mais il les voulut bénites, consacrées par les mains dont le Ciel se sert pour répandre ses bienfaits.

Dans la paroisse Notre-Dame-de-Bonne-Nouvelle, comme partout ailleurs, il voulut avoir son drapeau et son arbre de la liberté. M. le curé requis pour les bénir s'y prêta de bien bon cœur, et dans ces cérémonies il se comporta à peu près toujours comme dans celle que nous allons rapporter.

Une troupe nombreuse d'hommes du peuple, portant son drapeau et l'arbre de la liberté, vient auprès de lui : « M. le curé, lui dirent-ils, nous venons réclamer votre ministère. — Bon, mes amis, leur répondit-il, je suis, et cordialement, tout à votre service, comme vous-même vous le serez au mien quand j'en aurai besoin, n'est-il pas vrai ? — Oui ! oui ! lui fut-il répondu avec l'accent de la sincérité. — J'en étais bien sûr : car vous savez parfaitement qu'entre frères, il faut toujours s'aimer, s'assister dans le besoin. Et puis, je suis votre Pasteur ; et les brebis doivent aimer leur pasteur, comme le pasteur doit aimer ses brebis. Eh bien! mes amis, nous allons faire la bénédiction que vous me demandez. Mais comme c'est une chose sainte qui n'arrive pas tous les jours, voyez-vous, nous allons y mettre beaucoup de solennité. Attendez un instant que je fasse venir mon clergé. Qu'on se prépare à mettre en branle toutes les cloches, ajouta-t-il, en s'adressant aux employés de l'église. — Très-bien! très-bien! vive M. le curé! — Oh! mes amis, vive M. le curé, ce n'est pas bien. Voyez-vous, moi, je ne suis rien, c'est la Religion qui est tout : vive la Religion! » — Et les cris répétés de vive la Religion! vive M. le curé! se firent entendre de toutes parts. Lorsque le clergé fut arrivé : « Mes amis, leur dit le bon curé, nous voilà prêts. Partons en procession. Je n'ai pas besoin de vous recommander l'ordre et le silence qui témoigneront de votre respect pour la chose sainte que nous allons faire. » Le désir du pasteur fut exécuté ponctuellement : l'ordre le plus parfait régna pendant la processions et la cérémonie. Sur les lieux mêmes de la bénédiction, auprès de l'arbre de la liberté, le zélé pasteur prit occasion de faire entendre la parole sainte : ses accens inspirés se répandirent sur la foule comme un bienfait, et dans ces cœurs bons, mais hélas! bien négligés! allèrent remuer l'amour du bien. L'enthousiasme que produisit son discours se traduisit par les cris de vive M. le curé! vive la Religion! Un seul signe de sa main fit tout rentrer dans le silence et donna l'ordre nécessaire pour retourner à l'église en procession. Après ses vifs remerciements la foule voulut porter M. Portalès en triomphe. Il s'y refusa formellement et avec énergie. « Les triomphes d'ici-bas, dit-il, ne sont pas ceux que je désire : je ne veux que les triomphes de l'éternité. Vous êtes mes amis : cela me suffit. Accompagnez-moi, si vous le voulez, vous me ferez plaisir. » Arrivé chez lui, il leur dit : « Vous êtes trop nombreux, mes amis, pour que je puisse vous introduire chez moi ; n'importe, je ne vous quitterai pas sans vous avoir fait une gracieuseté, mais une gracieuseté de pauvre, car, voyez-vous, j'ai une nombreuse famille à nourrir. On va vous dresser des tables dans la cour et vous apporter du pain, du vin et du fromage. Adieu, mes amis, buvez un coup à ma santé. » On peut se figurer les acclamations bienveillantes qui suivirent ces paroles, et le bien inappréciable que produisirent ces actes de zèle, de charité et de tolérance.

VII.

Dernières années de M. Portalès.

Il devait certes avoir une vie immense pour que dans ses travaux il ait pu tant en dépenser pendant de si longues années. D'où vient donc qu'il a paru toujours avoir une si frêle santé? Oui, pour moi, je n'en doute plus : le zèle et les travaux par lesquels cette sainte passion se satisfait, sont un véritable soutien, même pour la vie matérielle. Et voilà pourquoi les temps où notre vénérable père avait moins de peine extérieure, était ceux où sa santé paraissait s'affaiblir : ses aliments n'étaient pas assez substantiels. Mais aux époques de l'Avent, du Carême, du mois de Marie, alors qu'il lui arrivait de passer douze, treize, quatorze heures au confessionnal ; de parler à ses paroissiens avec l'accent de feu que lui donnait sa foi et sa charité, trois, quatre, cinq fois dans la même journée ; de visiter en même temps les pauvres, les malades et de subvenir à tous les autres besoins de sa paroisse, on lui voyait avec le contentement, la vie reluire dans ses yeux, et dans ses traits reparaître le courage et la vigueur.

Pourtant, quelles que fussent ces apparences, la fatigue de ses nerfs était à redouter. Effectivement, dans un court espace de temps, il fut facile de voir sa sensibilité se développer et parvenir à un degré d'intensité contre lequel aucune force de volonté n'aurait rien pu. Dans ses projets pour le bien de sa paroisse, les contradictions lui faisaient un mal inconcevable, d'autant plus que son extrême bonté lui faisant craindre toujours de causer de la peine à quelqu'un, il n'aurait jamais consenti à opposer une énergique volonté à la contradiction qui le tourmentait.

Oui, sa vie a succombé sous le poids de ses travaux et de sa bonté.

Les atteintes de cet excès de sensibilité commencèrent à montrer leurs funestes effets au commencement du Carême de l'année 1852. Ses douleurs alors furent d'autant plus pénibles qu'il se vit obligé de garder un complet repos dans un temps de bonheur pour lui.

Cependant son troupeau gémissait de son absence, et de continuelles prières étaient adressées au Ciel pour le rétablissement de sa santé. On ne se fait pas une idée de la tristesse qui régna dans l'église Bonne-Nouvelle pendant tout ce Carême et jusqu'à la Pentecôte. Si quelquefois au dehors on avait un peu de joie, en entrant dans l'église, on ne voyait pas le bon père; alors, un sentiment rétressissait le cœur et se traduisait par un regard et une attitude mélancolique. Le jour de la Pentecôte dérida les fronts : le bon pasteur reparut au milieu de ses chères brebis. Il ne revenait pas encore tous les jours; mais on avait le bonheur de le revoir au moins tous les dimanches.

A l'Avant, il reprit presque toutes ses

habitudes et les continua toujours en augmentant jusqu'au 9 octobre 1853, jour de la fête de Saint-Denis. Ce jour restera gravé en moi comme l'empreinte de la foudre sur un rocher qu'elle a brisé.

J'étais là, je le vis.

C'était à la messe de huit heures à laquelle tous les dimanches il faisait une instruction de l'autel même. Dans cette prédication sur la charité, il ne s'était plus souvenu des recommandations pressantes qu'on lui faisait sans cesse de se modérer : il avait fait reparaître toute la vigueur de sa foi, tout le feu de son zèle, peut-être même avait il été au-delà. Ah ! pourquoi n'a-t-on pas vu qu'il ne pourrait résister à de pareilles secousses et qu'elles devaient nécessairement amener une crise ? Pourquoi, moi-même, ai-je été tellement absorbé par un autre ministère que je n'ai pu ni rien entendre, ni rien prévoir. Mais je le vois se retournant pour continuer le saint sacrifice... Qu'est-ce?... Ses mains se crispent... il chancelle... Retenez-le!... m'écriai-je en bondissant de mon confessionnal. Ciel ! il tombe!... sa tête, sa vénérable tête avait été frapper sur le plan du sanctuaire!.... Qu'on se figure les cris d'effroi, les sanglots et le tumulte de la douleur dont l'église fut remplie à ce déchirant spectacle. J'étais accouru, et la vue de mon bon père, de mon ami, de celui pour lequel j'aurais donné toute mon existence, dans cet état où la mort semblait avoir frappé son dernier coup, m'ôta toute raison : je ne me souviens plus de ce que je fis. Il me semble pourtant que je le pris dans mes bras, que je le serrai sur mon cœur, que je pressai sa tête contre la mienne comme pour lui communiquer une vie qui m'eût été à charge si la sienne n'avait plus été; et qu'avec plusieurs de ses autres enfants éperdus comme moi, par la douleur, nous le transportâmes à la sacristie, où, peu de temps après une lueur d'espérance nous rendit à nous-mêmes. Bientôt nous crûmes pouvoir le transporter chez lui. Dans le chemin, nous traversions des cris de détresse, et mille bras se présentaient pour avoir le bonheur de se charger d'un si doux fardeau. Arrivés dans la cour de sa maison, l'air semblait aider nos désirs. Nous l'avions placé sur un siége, et j'étais à genoux devant lui, épiant ses plus petits mouvements, son souffle, comme faisaient sans doute les disciples de saint Martin, lorsque ce grand serviteur de Dieu consentait à ne pas entrer dans le Ciel et à revenir à la vie pour son troupeau. Je vis bientôt ses yeux s'ouvrir et le sourire reparaître sur ses traits. « Ah ! vous voilà, me dit-il, en souriant et en me tendant la main ; mais où sommes-nous, qu'est-ce qui est donc arrivé ? — Ce ne sera rien, sans doute, lui répondis-je, mais il est arrivé que vous vous fatiguez trop, que vous prêchez sans modération et que ce n'est pas étonnant que vous ayez des attaques de nerfs. — Oh ! oh ! dit-il, en reprenant un peu son ton si charmant de gaieté, ne me grondez pas, je n'y reviendrai plus. » Son frère, le docteur Augustin Portalès, le prit dans ses bras, le transporta dans sa chambre où bientôt il fut en état de prendre un peu de nourriture. Quelques heures après il voulait aller visiter un malade; on l'obligea à renvoyer sa visite au lendemain.

Notre vénérable père nous était donc

rendu ; mais hélas ! ce ne devait pas être pour longtemps !

La prédication qui avait amené le terrible accident que je viens de rapporter devait être la dernière. Malgré les sollicitations dont il était assailli pour qu'il restât dans le calme le plus complet, il reprenait peu à peu ses confessions et se laissait aller à dire quelques mots d'édification à ses enfants : c'était pour son cœur un besoin absolu. Enfin les derniers actes de la vie du bon Pasteur eurent lieu le jour de la dédicace des églises de France. A toutes les messes il fit lui-même une collecte pour le pain des pauvres. Ses dernières paroles à ses paroissiens furent celles-ci qu'il prononça à la grand'messe immédiatement avant la quête : « Mes frères, vous êtes venus pour célébrer la fête de dédicace des temples du Seigneur, pour honorer ces pierres auxquelles vous communiquez la vie par vos hommages à la majesté suprême; mais il est aussi un autre temple du Seigneur que vous aimez, vous m'en avez toujours donné les preuves les plus évidentes : ce temple, ce sont les pauvres. Allons, mes frères, en continuant de communiquer la vie par votre piété aux murs de cette vénérable enceinte, continuez à communiquer la vie aux pauvres par votre générosité. Je vais passer au milieu de vous, mes enfants : pour les pauvres, s'il vous plaît! »

Bon Pasteur, comme cette parole termine bien les travaux de votre existence toute de charité.

Le mercredi qui suivit l'octave de la Dédicace, fondit sur lui l'attaque de nerfs qui devait terminer sa vie après une contrariété qu'à l'extérieur il supporta avec une parfaite résignation, quoiqu'elle attaquât son cœur sur le point le plus sensible. Je veux parler du projet arrêté d'enlever à la paroisse de Bonne-Nouvelle le tiers de sa population, précisément du côté d'où viennent presque toutes les largesses avec lesquelles on peut secourir la grande multitude des pauvres qui sont dans les autres quartiers. Ah! son extrême bonté, sa crainte exagérée de contredire, qui était produite par celle de ne pas se conformer à la volonté de Dieu; ces vertus si choisies qui ont fait produire à notre héros tant de bienfaits pour la paroisse, tant d'actes que le ciel couronne de ses plus beaux rayons, devaient nous être fatale. Oui, j'ose le dire, car avec un peu de hardiesse pour manifester ses désirs, sa volonté, j'en suis persuadé, nous aurions possédé notre bon père encore au moins pendant dix ans. Oh! bien certainement, les premiers supérieurs dont la prudence et la sagesse sont à la hauteur de leur éminente position, ne savaient pas qu'il en fût ainsi : ils se seraient bien gardés de faire le moindre mal à un personnage pour lequel ils étaient pénétrés de la plus profonde vénération : il n'y a pas de doute qu'ils auraient au moins ajourné un projet qui, au reste, pour le moment présente d'insurmontables difficultés.

Quoiqu'il en soit, hélas! voilà notre vénérable père sur son lit de mort..... Recueillons-nous...... pleurons...... mais aussi méditons..... Je voudrais pouvoir amener tout notre siècle autour de la couche mortuaire de notre bon Pasteur. Hommes de vanité, qui faites tous vos efforts pour vous étourdir au bruit de votre néant qui s'écroule; qui cherchez à jeter des fleurs sur les bords du ténébreux abîme où se précipitent les tristes victimes de vos poétiques folies; qui, pour toute cérémonie funèbre de vos amis qu'a touchés le doigt terrible de la justice suprême, ne pouvez jeter que quelques fleurs demain fanées, avec lesquelles vous cherchez à cacher le gouffre où vos scandales les ont plongés; vous aussi dont toute la sollicitude n'a pour but que la possession d'honneurs, d'un monde qui fuit comme le vent; venez et considérez le dernier souffle du véritable héros. Les hommes que vous admirez meurent, et leur souvenir même en vous n'a pas plus de consistance que les vestiges de leurs inutiles bienfaits. Un marbre glacé est seul chargé de porter à l'avenir une mémoire glacée comme lui. Cet homme devant qui vous vous courbiez, à qui vous offriez avec profusion l'encens de votre plat orgueil dont la fortune allait bien pour la satisfaction de vos penchants déréglés, il meurt ; maintenant il ne peut plus rien pour vous, vous vous retirez, c'est tout! Que dis-je? c'est tout! Quand vous croirez que votre intérêt matériel le demande, ne ravalerez-vous pas sa mémoire ?...... Quelle différence entre l'homme de Dieu et l'homme du monde : celui-ci faisait beaucoup de bruit; son heure suprême a sonné ; encore quelques secondes et les échos ne vous rapporteront pas le plus léger murmure, et sa douteuse éternité se cache derrière un nuage horrible à voir ; celui-là, à peine est-il tombé malade que déjà les regrets se traduisent par des louanges en son honneur, les progrès de sa maladie élargissent le concert des pleurs et des éloges; il meurt, la douleur prend aussitôt de bien plus grandes proportions, et chaque sanglot révèle un bienfait, chaque larme devient une fleur immortelle que recueillent les Anges, pour lui tresser une couronne dans les cieux. Oh! son avenir n'est pas caché: comme au travers d'un miroir, on le voit déjà siéger au milieu des saints dont il a été l'heureux rival. C'est ainsi qu'a disparu de la terre, pour aller prendre sa place dans l'éternelle patrie, seule digne de ses vertus, Jean-Brice Portalès, curé de Notre-Dame de Bonne-Nouvelle.

Pleurons, encore une fois, c'est permis à nos cœurs,...... mais la foi nous commande de changer ces pleurs en larmes d'une sainte allégresse.

Il est mort le 15 février, jour où l'âme séraphique du premier patriarche du désert fut aperçue montant au ciel accompagnée des Anges et des Apôtres.

Le corps de notre bon père fut exposé pendant cinq jours à la vénération de ses enfants bien aimés dans la chapelle de la sainte Vierge, où si souvent son âme s'était répandue en prières pour son troupeau. Pendant tout ce temps, il y eut un immense concours. Chacun aurait voulu en prendre quelque relique : la force de la police fut nécessaire pour arrêter l'ardeur de ce pieux désir ; et l'on fut obligé de se contenter d'apporter des objets pour les faire toucher à ses dépouilles. Son âme, déjà aux pieds du Souverain des cieux implorait des grâces en échange de ces témoignages d'amour filial.

Ses obsèques furent célébrées avec une pompe solennelle et grave le 20 février. Ce qu'il y avait de plus beau dans cette cérémonie, c'était un recueillement mêlé de larmes, une espèce de consternation qui se montrait de toutes parts sur le passage du convoi, et un immense cortége de pauvres, qu'il avait si souvent appelés : *mes enfants*, et qu'il avait toujours soignés avec une tendresse qu'une mère seule trouve dans son cœur.

. . . .

Defunctus, adhuc loquitur.

Il n'est plus, mais il parle encore.

Sur cette terre où la douleur — osons le dire — nous est envoyée comme un bienfait, comme un puissant auxiliaire qui doit nous faire reconquérir l'héritage qu'une mystérieuse prévarication nous a ravi, ne nous laissons pas abattre, de crainte que nos pleurs ne tombent stériles. Au milieu de notre mélancolie, en considérant l'objet de nos regrets, replions-nous sur nous-mêmes et méditons. La vie de notre vénérable père nous présente assez de faits, le souvenir de ses instructions est assez abondant en excellents conseils pour que les considérations que nous ferons sur lui fournissent à notre cœur une nourriture substantielle et bien suffisante dans tous nos besoins ; notre marche dans la vie d'ici-bas vers la vie d'en haut ne rencontrera pas un sentier dans lequel sa mémoire ne vienne nous prendre comme par la main, afin de nous soutenir au bord des précipices, afin de nous faire gravir les scabreux et rapides penchants qui trop souvent nous épouvantent.

Nous avons dit que nous nous entretiendrions spécialement des vertus de M. Portalès, notre bon pasteur. C'est le moment.

VIII.

L'Humilité. — La Pauvreté.

« Voulez-vous être riche, disait un jour notre vénérable père, soyez pauvre ; voulez-vous être grand, soyez humble. Et pourquoi cela ? ajoutait-il avec le sourire d'une aimable simplicité qui accompagnait toujours ses paroles ; eh bien ! c'est parce que les richesses et les grandeurs du ciel pour lesquelles nous avons été créés sont tout-à-fait le contraire des richesses et des grandeurs de la terre. Celles-ci sont rongées par la rouille et les vers, celles-là resteront à jamais intactes. Entre les unes et les autres il y a l'abîme qui se trouve entre le matériel et le spirituel, entre le fini et l'infini. Puis, vous savez, notre Seigneur a dit qu'on ne pouvait pas servir deux maîtres.—Ces paroles-là, lui disais-je un jour, sont un véritable anathême contre les possesseurs de fortunes et les grands de la terre. — Ah ! non, me répondit-il avec le ton et le geste d'un enfant qui n'est pas de l'avis d'un autre ; voyez-vous, tout ce qui nous vient du bon Dieu est bon, et c'est de lui que viennent tout pouvoir, toute grandeur, comme toutes richesses ; ainsi ce n'est pas parce que l'on est riche ou que l'on est haut placé qu'on déplaît au Seigneur, mais parce qu'on s'attribue ces possessions, cette importance; c'est parce qu'on abuse d'un dépôt qui a été fait, d'un pouvoir qui a été donné. Ainsi, vous comprenez bien que chacun dans sa sphère, soit grande, soit petite, peut avoir le mauvais esprit de richesse ou d'orgueil en regardant comme sien, ou ne venant que de soi, ce qui appartient à Dieu seul ou ne vient que de Dieu; et vous comprenez bien encore que chacun dans une position quelconque peut avoir le bon esprit de pauvreté et d'humilité qui plaît tant au cœur de Jésus. Ainsi, je vous assure que j'aime beaucoup les riches lorsqu'ils m'apportent des aumônes pour mes pauvres, non-seulement parce qu'ils me donnent le moyen de soulager des infortunes, mais encore parce que je vois qu'ils font leur devoir et qu'ils usent bien du dépôt que le ciel leur a confié.

Oh ! j'aime aussi beaucoup les pauvres, non pas seulement à cause de leur beau titre de pauvre que notre bon Jésus préconisait tant, mais alors surtout qu'ils supportent patiemment leur médiocrité laborieuse ou leur détresse, et qu'ils ne jettent pas des yeux d'envie sur ceux qui possèdent les biens de ce monde. Vous le savez, le sage a dit que le pauvre ainsi coupable est en abomination devant Dieu. Les grands de la terre peuvent également être pleins de mérite et très-honorables devant Dieu, parce que sous les dehors nécessités par leur position sociale, ils peuvent vraiment avoir l'esprit d'humilité : la pourpre royale de saint Louis ne déparaît pas du tout la splendeur de son humilité ; car ce grand saint était bien convaincu qu'en soi le sceptre et le haillon n'ont pas plus de valeur l'un que l'autre : ils sont passager l'un et l'autre. Pour celui qui se trouve au plus bas degré de l'ordre social, il lui est plus facile sans doute d'atteindre le plus haut degré d'humilité, et par conséquent de vertu, mais aussi hélas! il lui est possible de laisser entrer dans son cœur l'esprit d'orgueil : Diogène n'était pas moins orgueilleux dans son tonneau que Platon sous des lambris. — Je conclus de là que la pauvreté et l'humilité consistent essentiellement dans le détachement de soi-même, produit par la connaissance qu'on en a ; et ce détachement n'exclut pas du tout l'appréciation des biens qui sont en nous, mais qui sont exclusivement la propriété de celui à qui seul appartient toute gloire. »

Il m'a été donné de vivre pendant plus d'un an dans une communauté où règne le véritable esprit de l'Évangile et qui a produit les meilleurs auteurs ascétiques; là, j'ai souvent entendu parler d'une manière admirable sur toutes les vertus; mais dans l'intimité de mon vénérable ami, j'ai appris qu'on pouvait encore aller au-delà. Dans ses paroles d'une ineffable simplicité, comme ses allures, comme toute sa personne, il semblait toujours que M. Portalès ne dît que des choses très-communes, très-ordinaires, et pourtant par ce que je viens de rapporter, on peut être témoin de la justesse de ses considérations et de la sagacité de son bon sens.

Les principes si vrais d'humilité et de pauvreté que nous venons de lire ont besoin de cette autre vertu qu'on appelle la méfiance de soi-même, pour qu'ils soient mis parfaitement en pratique par celui qui marche dans le chemin de la perfection. Ce complément n'échappait pas à la vigilance du serviteur de Dieu. Je lui ai souvent entendu dire qu'il ne fallait pas craindre l'ennemi du salut, mais que nous devions faire nos efforts, prendre tous les moyens pour prévenir, déjouer ses attaques.

Il est bien certain qu'on peut être humble au milieu des grandeurs, pauvre au milieu des richesses ; mais, mon Dieu! comme les illusions sont à craindre! avec quelle facilité la complaisance en nous-mêmes se glisse dans notre cœur, et comme nous nous attribuons aisément ce que personne ne peut nous ravir! Puis, que de préjugés de toutes parts! L'adulation, la flatterie revêtues de leurs formes enchanteresses livrent à celui qui tient le pouvoir les plus dangereux assauts : l'idée de sa propre importance, toute légitime qu'elle est en elle-même, se présente si souvent à lui qu'il est bien à craindre qu'elle ne produise dans son esprit une ligne de démarcation qui ne devrait pas exister entre lui et ses égaux dont il est le premier. Les passions sont si impérieuses dans l'homme, et j'ajouterai si habiles à se présenter avec tous les attraits de l'innocence pour arriver plus facilement à leur fin que l'esprit de pauvreté se soutiendra péniblement au milieu des richesses : ainsi l'*innocente* vanité, l'*innocente* gourmandise, l'*innocente* ostentation obtiendront facilement des dépenses inutiles ; l'*innocente* oisiveté n'aura pas beaucoup d'efforts à faire pour convaincre d'abord qu'on n'a pas besoin de travailler quand on est riche, puis elle postulera efficacement des dépenses pour charmer les ennuis de l'inaction. Contre tous ces dangers, oui, la méfiance de soi-même fait prendre des moyens que les saints ont employés et que nous enseignait notre bon Pasteur par ses paroles et surtout par sa conduite.

Ainsi tout jeune encore dans ses succès, dans ses victoires sur ses condisciples, on ne l'entendait jamais parler de lui-même, ni de ses avantages en quoi que ce soit; il était même industrieux pour s'effacer quand les occasions semblaient le forcer de mettre son mérite en évidence. Plus tard, dans toutes les positions où son mérite seul l'a appelé, il en a été toujours de même. Il semble qu'il n'ait jamais eu à combattre cette incorrigible fureur que nous avons tous de parler de nous-même et à tout propos, tant il est vrai qu'il l'a combattue avec opiniâtreté et persévérance.

Un jour on me disait : « M. Portalès est un prêtre vraiment vertueux, mais il n'est pas savant. » Je répondis : « Qu'en savez-vous? Eh! quel droit avez-vous de parler ainsi? — Il ne le montre pas.—Dites donc qu'il ne fait pas comme cette multitude de prétendus savants qui, à tout propos, disent qu'ils le sont, qui se pavanent habillés d'une multitude de textes d'hébreu, de grec et de latin; qui à temps, et surtout à contre-temps, vous accablent de citations, parce qu'en définitive il faut qu'on sache qu'ils ont de larges connaissances. Tâchons, Monsieur, de ne pas vouloir être les victimes d'un fatras de science où l'ignorance règne avec un pouvoir absolu. Si M. Portalès voulait se donner cette vanité, il en aurait tous les moyens : il connaît l'hébreu, il..... — Allons donc! — Oui certainement, il l'a professé. Il en est de même du grec, de l'anglais, etc..... » — Je dois le confesser ici, le ton avec lequel je fis cette réponse est un peu trop zélé, mais on le pardonnera aisément à un enfant à qui la tendresse filiale ne peut pas permettre de rester dans le calme, pour peu que l'on porte atteinte au mérite de son père bien aimé. — J'avais dit que je ne reviendrais pas sur cette question, mais ici il était utile de faire voir avec quel soin l'humble ministre du Seigneur cherchait à se mettre à couvert de la vanité, sous le rapport de son savoir.

A l'égard de ses soumis, notre bon père ne s'est pas montré moins admirable pendant toute sa vie. Il savait trop combien l'autorité est pesante sur les inférieurs, puis, il avait dans son âme un trop profond esprit de charité, enfin, il connaissait trop la parole du divin maître, *que celui d'entre vous qui est le pre-*

mier se fasse le plus petit, pour ne pas mettre tous ses soins à s'effacer. Dès les commencements, où jeune encore, il était déjà curé de N.-D. de Bonne-Nouvelle, avec quelle délicatesse il se faisait obéir par des confrères dont l'âge était bien au-dessus du sien : il ne commandait pas, il témoignait doucement ses désirs ; toujours il mettait tant de grâce dans la manifestation de sa volonté que lorsqu'on lui obéissait on croyait s'obéir à soi-même. Il en a été ainsi jusqu'à sa mort. C'eût été pour lui une bien douloureuse peine de se voir obligé de faire sentir à quelqu'un son pouvoir ; aussi, il assumait sur lui tout ce qu'il y avait de plus pénible dans la paroisse. Tous ses reproches consistaient à faire pour les autres le travail qu'ils auraient dû faire ; — cependant, j'avoue que pour moi il n'aurait pas pu m'en faire un plus pénible; quand il me l'a eu fait, il me l'a adouci tellement, qu'il m'a semblé que son action était une chose toute naturelle : « J'étais là, me disait-il, et puis vous étiez occupé, sans doute, et ce n'était pas la peine de vous faire déranger : ça été si tôt fait. D'ailleurs, ajoutait-il en souriant, vous étiez occupé et l'on ne peut pas être en même temps au four et au moulin; et puis encore, il faut bien que nous nous aidions mutuellement; aujourd'hui j'ai fait cela pour vous et demain vous ferez quelque chose pour moi. »

Il semblait toujours craindre de faire de le peine à quelqu'un. Auprès de ceux dont la position est la plus humble, et qui hélas! presque partout sont condamnés à être les souffre-douleurs, lui, le bon Pasteur, redoublait d'attention à faire disparaître son autorité ; et si quelquefois il arrivait à quelques-uns d'entre eux d'essuyer de pénibles mortifications, je l'ai vu les appelant dans son cabinet, et là les embrassant avec larmes, les consolant comme une mère son enfant qui souffre, et même leur faisant ses excuses comme si c'eût été lui-même qui eût causé leurs chagrins.

Cette attention de s'effacer se montrait jusques dans les plus petites choses. Ces circonstances, insignifiantes en apparence, à mon avis, devenaient bien grandes avec l'esprit d'humilité. Ainsi, par exemple, le salut, c'est toujours l'inférieur qui le doit à son supérieur. — Et malheureusement on voit partout la morgue avec laquelle ces formalités sont exigées ; et, hélas ! aussi, on pourrait citer de fatales conséquences de ces manques d'attention, produites presque toujours par l'inadvertance: l'orgueil s'accroche à tout pour faire voir sa mesquine importance. — A voir notre vénérable père, personne ne lui devait le salut et lui le devait à tout le monde. Soit qu'on le vît ou non, quand il était quelque part, il était toujours le premier à aller au-devant de la personne qui entrait, lui tendait la main et lui disait : *adieu*, etc. — Un jour qu'il m'avait dit ce mot adieu comme j'arrivais près de lui, je me permis de lui faire cette demande sur un ton gai qu'il aimait beaucoup : « Est-ce que vous partez, M. le curé? — « Comment, je pars? me répondit-il : je ne vous comprends pas. — Mais oui, vous partez pour je ne sais où, puisque vous me dites adieu. — Ah! ah! vous voilà vous autres, savants grammairiens... Eh bien! je vais vous attraper : je ne vous ai pas dit adieu, mais à Dieu ; et vous me permettrez toujours de vous recommander à Dieu, même avant de m'informer de l'état de votre santé. J'en ferai de même quand nous nous séparerons, car, voyez-vous, le bon Dieu doit toujours être *l'alpha* et *l'omega*, le commencement et la fin. » Je fus convaincu depuis lors que les méridionaux n'ont pas aussi tort qu'on le pense en faisant cette faute de français.

Il ne faut pas croire, pourtant, que M. Portalès fût bon jusqu'à la faiblesse, et que l'oubli de son pouvoir entraînât une pusillanimité nuisible au ministère dont il était chargé. Il savait au besoin s'armer d'une sainte vigueur, qui quelquefois, contre de terribles atteintes, a sauvegardé le bien dans sa paroisse. Ç'a été toujours après avoir mûrement médité son devoir devant le Seigneur ; mais après avoir arrêté sa détermination, il l'a poursuivie avec le plus énergique courage ; et jusque aux pieds du premier supérieur il a répondu : *non ;* mais il a ajouté : « Il est possible que je me trompe ; cependant je préfère me démettre de toute responsabilité, de toute charge que de souffrir ce que je crois un désordre : je ne pactiserai jamais avec ma conscience. » Alors les autorités supérieures toujours clairvoyantes dans le bien ; en outre, pénétrées de vénération pour le serviteur de Dieu, ont laissé son zèle au large dans la poursuite de sa carrière de géant pour la gloire de Dieu.

Oh ! gardons-nous bien de croire, par ce fait, que l'humble serviteur de tout le monde résista en face aux autorités dont il tenait le pouvoir : il les éclairait sur des manières d'agir et sur leurs conséquences qu'on ignorait; voilà tout. Eh certes! s'il avait eu le moins du monde l'esprit de résistance, il l'aurait bien manifesté dans la circonstance qui a donné le dernier coup à sa vie, déjà brisée par d'innombrables fatigues. Il a créé, pour ainsi dire, la paroisse Bonne-Nouvelle; il l'a organisée; il a fondé le nombre des bonnes œuvres nécessaires pour la marche de la charité la plus abondante, c'est-à-dire toujours proportionnée aux besoins; le bon Pasteur connaît toutes ses brebis, il sait où elles sont, ce qu'elles sont : voici les pauvres qui pleurent, mais voilà les riches où il trouve de quoi essuyer les larmes amères de la faim; hélas! dans des moments ou de grands besoins se font sentir, où une misère plus effrayante que jamais menace les classes pauvres, fait trembler même ceux qui sont dans une médiocre aisance, un décret émané d'en haut lui annonce qu'on va lui retrancher une partie de sa paroisse ; et c'est la partie qui nourrissait les pauvres qu'on lui enlève ! On lui demande en même temps un aquiescement à cette résolution ! On conçoit que cette nouvelle fit affluer à grands flots la plus douloureuse amertume dans l'âme du bon Pasteur. Eh bien ! voici la substance de sa réponse : « Monseigneur, votre grandeur a pris une résolution, je m'incline devant sa volonté. Je mets de côté mon propre sentiment, et j'espère que Dieu dans sa bonté bénira vos desseins qui sont tous pour sa plus grande gloire, pour le progrès de la religion dans les âmes. » N'est-il pas vrai, lecteur, que le juste est grand jusqu'au plus haut sublime, quand sous un coup qui broie la vie du corps, son âme se soumet avec une telle résignation, en exhalant de si beaux sentiments ?

IX.

Suite du même sujet.

L'esprit de pauvreté en M. Portalès était également accompagné de la méfiance de soi-même, et le maintenait dans une pureté parfaite.

Nous l'avons déjà dit, contre l'esprit de pauvreté il y a nombre d'écueils qui sont à craindre, mais en se méfiant soigneusement de soi-même, premièrement, on n'aura pas à redouter que la vanité ne vienne enlever le mérite du désintéressement et des largesses, parce qu'on les cachera autant que possible; ensuite on se considérera toujours, sans jamais le perdre de vue, qu'on est seulement dépositaire de ce qu'on possède; puis on se retranchera inexorablement tout superflu dans son existence; de plus on s'exercera à l'indifférence pour les biens que l'on n'a pas; enfin on cultivera dans son cœur l'amour pour les pauvres. Cette prudence qu'enseignait si bien notre bon père, il la mettait parfaitement en pratique.

Il lui était absolument impossible de cacher toutes ses largesses, car il en faisait à chaque instant, à toutes les personnes qui étaient dans le besoin; néanmoins il en est beaucoup, et les principales qui, dans la suite, n'ont été connues que fortuitement, beaucoup qui, je le crains bien, échapperont à nos investigations. — Mais, qu'importe, nous en avons tant pour notre édification ! — Il nous suffit, pour le moment, de constater que l'humble ministre du Seigneur était très-ingénieux pour cacher aux autres, pour se cacher à lui-même le bien qu'il faisait, l'indifférence dans laquelle il était pour les biens d'ici-bas. « Ce que je donne, disait-il, ce n'est pas moi qui le donne ce sont mes bons paroissiens. » Il est vrai que les aumônes sans nombre qu'il faisait venaient en partie de la source qu'il indiquait, mais elles venaient aussi de ses revenus.

Oui, c'était bien ses revenus, mais il ne les considérait pas ainsi : il ne se croyait pas plus maître du casuel qui formait pour lui un revenu considérable, que des sommes qui lui étaient remises pour ses bonnes œuvres; ses trésors à lui, c'était ceux de saint Laurent, les pauvres.

Les passions du cœur se manifestent toujours dans les discours qu'on tient; un homme fortement affecté pour une chose, comme malgré lui revient toujours à cette même chose; de sorte que la plus sûre manière de connaître quelqu'un, c'est de le suivre dans ses conversations : il est impossible que, quelle que soit sa dissimulation, il ne se trahisse. De là on n'est plus étonné que toutes les conversations de nos jours roulent sur l'argent. « Faites-vous de bonnes affaires? Vos revenus sont-ils considérables? Connaissez-vous le moyen de doubler, de tripler, quadrupler l'intérêt de l'argent? Votre débiteur a-t-il de bonnes garanties? Quelle est la dot de telle personne? Quelle est la solvabilité de celle-là? etc., etc. » Voilà les conversations du jour, voilà le cœur de notre époque. Mais ce langage n'est pas seulement le résultat d'une passion ; si l'on se tient sur ses gardes il produit la même passion qui le fait naître. On écoute d'abord ces disconrs avec indifférence, soit ; la seconde fois l'indifférence est moindre; bientôt l'intérêt s'en mêle, et peu à peu l'indifférence fait place à l'affection. C'est la marche de notre cœur. Et c'est ce qui quelquefois faisait dire à notre vénérable père : « Dites-moi ce dont vous parlez et je vous dirai ce que vous aimez. »

Eh bien! lui, on ne l'entendait jamais parler d'argent; cette question lui était aussi étrangère qu'à un enfant; et il conservait précieusement cette complète indifférence en détournant adroitement toute conversation sur cet objet.

Un jour quelqu'un lui faisait cette demande : « Quels sont vos revenus ! —Oh ! répondit-il, avec un ton d'aimable simplicité, je sais qu'ils sont fort nombreux ; mais hélas ! je ne les connais pas tous ; car j'ai sans doute bien des paroissiens qui gémissent dans l'indigence et qui n'ont pas la force de faire connaître leur infortune. » Dans une autre circonstance, une personne cherchait adroitement à lui faire comprendre qu'il devait se conserver quelque chose pour l'avenir, et qu'il était bon de conserver une poire pour la soif. « Oui, Monsieur, dit-il, en l'interrompant, vous faites bien de me parler de l'avenir ; je vous en remercie : car ne songer qu'au présent, c'est une folie : ce monde passe avec tant de rapidité que nous agissons avec prudence en nous hâtant de nous construire un trône pour l'éternelle patrie, où notre soif sera étanchée par un breuvage divin. »

Non seulement ce bon pasteur ne se permettait pas de superflu, mais souvent il ne se donnait même pas le nécessaire : on l'a vu, dans ses maladies, obligé d'accepter, comme une aumône, des secours absolument indispensables à sa santé.

Son amour pour les pauvres et sa sollicitude continuelle pour conserver ce sentiment dans son cœur. ressortait dans toutes ses actions. Pourtant à l'extérieur il n'osait pas se répandre selon ses désirs, mais quand il était seul à seul avec son ami le pauvre, et qu'il n'avait que les anges pour témoins de l'effusion de son âme, qu'il eût été beau de le voir mêlant ses larmes aux larmes de la misère, embrassant ces pauvres malheureux qui peut-être n'avaient jamais su ce que c'est qu'un ami! ... et il ne se retirait qu'après de pressantes recommandations de ne dire à personne ce qui s'était passé.

Dans les intimités dont il m'honorait il me disait souvent, sans s'en douter, des vérités remarquables et avec une ingénuité qu'on trouve seulement dans les enfants. Lorsque j'entrais dans son cabinet : « Bon, vous voilà, disait-il, venez que nous causions un peu. » Alors il me faisait part de sentiments que lui avaient suggéré? ses lectures ou de pensées qu'il avait eues en méditant. Un jour je le trouvai un livre ouvert sur les genoux, les bras croisés sur sa poitrine et les yeux fixés comme un homme qui pense. Aussitôt qu'il m'aperçut, qu'il m'eût tendu la main et dit son *à Dieu* : « Savez-vous ce que c'est que le pauvre ? continua-t-il, allons, voyons, je parie que vous ne le savez pas. » Quand mon vénérable ami m'interrogeait de la sorte, je m'attendais toujours à quelques saillies qui, dans leur indicible simplicité, contenaient des vérités importantes; alors j'attendais la réponse qu'il faisait lui-même à sa question. « Eh bien! je vous dirai, continua-t-il, que je viens de faire un mariage : je viens de marier le pauvre avec la pauvreté. Voyez-vous, la pauvreté est une perle précieuse : c'est ce que je viens de lire dans ce livre; et c'est très-vrai. Eh bien! l'époux le plus digne de cette perle précieuse, quel est-il? Ah! ce ne peut être que le pauvre qui lui-même est un diamant céleste de la plus belle eau, qui pèse autant de mille carats qu'ici-bas il a éprouvé d'infortunes. »

Nous serions infinis si nous voulions rapporter toutes les circonstances, toutes les paroles par lesquelles il montrait la sollicitude qu'il mettait à garder dans son cœur l'amour de la pauvreté et son inséparable sœur l'humilité ; vertus célestes qui, dans notre vénérable père et modèle, comme dans tous les saints, ont été le principe et le soutien de toutes les autres.

X.

La Foi.

Vous, lecteurs, à qui principalement je m'adresse, paroissiens de N.-D. de Bonne-Nouvelle, vous avez souvent vu votre bon Pasteur dans le saint temple; eh bien! Rappelez-vous ce que vous produisait sa vue, l'impression que vous ressentiez à l'accent de sa parole. N'est-ce pas que sa vue produisait en vous, non-seulement un sentiment d'admiration, mais encore vous pénétrait de recueillement, de religion, d'amour de Dieu? N'est-ce pas que sa voix, lors même que vous n'entendiez pas ses paroles, suffisait pour remuer en votre âme le désir de faire le bien, faisait naître ou redoublait en vous l'amour de la vertu. Pourquoi souvent avez-vous dit: « Allons à telle messe : c'est M. le curé qui va la célébrer ou qui va faire le prône; si toutefois il ne fait ni l'un ni l'autre, au moins il sera là, nous le verrons. » Beaucoup d'étrangers à la paroisse venaient à Bonne-Nouvelle pour les mêmes motifs. Eh bien! je dirai à tous : qu'alliez-vous voir dans cette pauvre église? Un bel homme? M. Portalès, quant à sa taille et à ses formes physiques, sans pourtant aucun vice de constitution, était un homme petit, maigre; sa parole et son geste n'avaient rien de ce flamboyant qui remplit la nef de Notre-Dame. Pourquoi le trouviez-vous si beau, si majestueux, si admirable en tout ce qu'il disait ?...

Écoutez, ou plutôt souvenez-vous de cette vérité dont le chrétien seul peut se rendre raison par les divins enseignements qu'il pratique : Dieu s'est uni à la créature intelligente pour la rendre capable de se servir des sublimes facultés qui vivent dans son âme; et quand l'homme correspond à ce divin bienfait, ses apparences physiques disparaissent pour ainsi dire, et il laisse transpirer sur tout lui-même le caractère d'une majesté céleste qui règne en lui et se montre à nous, quel que soit l'épais nuage qu'une nature grossière mette devant nos yeux ; voilà pourquoi rien n'est beau comme le spectacle du chrétien digne de son nom.

Dans notre vénérable père il y avait, dans toute leur magnificence, le caractère du chrétien, celui du prêtre. On aimait à le voir, on aimait à l'entendre, parce que la foi qui régnait vive, ardente dans son âme, la foi qui conserve et dilate les dons du ciel qui font notre grandeur, s'échappait de tout lui-même et l'entourait du charme qui nous captivait. Sa parole, dont la foi seule était l'âme, tombait sur ses enfants comme une rosée bienfaisante sur une campagne bénite : elle avait tous les bienfaits de la véritable éloquence. — On conçoit bien que je ne veux pas parler de cette éloquence qui agite les masses curieuses, qui fait retentir les murs d'un futile clinquant de phrases, de fleurs brillantes, de mouvements saisissant l'imagination et les sens, tandis que le cœur reste dans sa perversité. — Les paroles de notre bon Pasteur allaient à l'âme de celui que l'indifférence tient captif sous le joug d'un monde vaniteux; elles étaient un baume pour le cœur étreint par le tourment; elles étaient un encouragement pour ceux que les tentations et la faiblesse de notre pauvre nature jette dans le dégoût; elles étaient toujours fécondes, pour les fidèles qui déjà marchaient à grands pas vers la perfection. On était suspendu à sa parole comme un petit enfant à la douce voix de sa mère qui le caresse, le console, l'avertit du danger, lui promet des récompenses.

Oui, l'orateur qui par ses discours produit de pareils effets, est le véritable orateur chrétien qui ne peut être formé, inspiré, soutenu que par la foi. Un jour notre bon Pasteur lui-même me disait : « Croyez bien, mais bien ce que vous allez dire et vous aurez de l'éloquence, de cette éloquence véritable qui va au cœur, y laisse des impressions profondes. » Quand il disait de croire bien, mais bien, il est évident qu'il n'entendait pas parler de cette foi superficielle et spéculative qui s'arrête simplement à une adhésion de la volonté : la foi ne serait rien si elle n'était immédiatement suivie de la pratique, et c'est même par la pratique qu'elle doit dilater sa propre vie.

Certes si la pratique dilate la vie de la foi, on conçoit que dans notre vénérable père cette vie dût être immense. L'adorable mystère de l'Eucharistie, surtout, était pour lui l'objet du zèle le plus ardent. Qu'il était beau de le voir au saint autel !

On reconnaissait facilement, pourtant sous les dehors les plus simples, qu'il était tout rempli de la majesté divine qui là était sous ses ordres. Tous ceux qui l'ont connu depuis sa jeunesse peuvent témoigner que l'habitude, si fatale dans nos devoirs, n'a jamais eu d'empire sur lui, et que chacune de ses messes, pendant toute sa vie, a été célébrée avec la même ferveur que la première.

Le bonheur d'être à l'autel lui faisait saisir avec avidité les moments où il n'y avait pas de servant de messes. Il les servait lui-même. Il me l'a servie plusieurs fois, je m'en souviendrai toujours, car alors, un je ne sais quoi d'insolite se passait en mon âme ; il me semblait être plus près de Dieu.

Les fêtes du Saint-Sacrement étaient celles qui plaisaient le plus à son cœur ;

le Jeudi-Saint était pour lui le plus beau jour de l'année; il le disait et l'on voyait que c'était vrai. Les cérémonies par lesquelles l'Église rappelle *la mémoire des merveilles de Notre-Seigneur bon et miséricordieux*, il les célébrait avec tant de bonheur, d'amour, de foi que des larmes d'admiration tombaient des yeux qui en étaient témoins. Cette joie que témoignait notre bon Pasteur était cependant enveloppée du deuil qui suit nécessairement le mystère de la Rédemption; mais elle se montrait dans tout ce qu'elle avait de rayonnant à la commémoration de ce grand jour, à la Fête-Dieu, aux triduum de l'adoration perpétuelle et même tous les jeudis. Sa parole était inépuisable sur ce mystère d'amour : l'amour de son *bon Jésus*, — c'était son mot de prédilection, — lui fournissait toujours de nouveaux enseignements, de nouvelles inspirations.

La foi divine qui était dans son cœur, et qui le montrait si grand, si beau dans la maison de Dieu, il était facile de voir qu'elle ne le quittait pas dans sa vie extérieure : tous ses actes en étaient empreints.

La foi doit nous suivre partout, disent les pères de la vie spirituelle, parce qu'il ne doit pas y avoir un seul moment de notre existence qui ne soit utile pour la gloire de Dieu et pour notre bonheur éternel, parce qu'elle est le principe vivificateur de tous nos actes.

« Pourquoi, disait-il, nous ne nous aimerions pas les uns les autres? nous sommes tous d'autres Jésus-Christ : en nous tous la nature divine est unie avec la nature humaine ; c'est pour nous tous qu'un sang divin est descendu du Calvaire; ce sang s'est uni à toutes nos actions, afin qu'elles fussent toutes dignes d'être présentées à Dieu. Sans cela, vous sentez bien, ajoutait-il, on ne pourrait peut-être pas dire que Dieu nous a créés pour sa gloire : car de nous-mêmes, petites créatures, qu'aurions-nous pu pour une gloire qui doit être nécessairement infinie? Oui, nous sommes tous non-seulement les images de Dieu, mais encore d'autres Jésus-Christ. » Ce sont ces sentiments qui, auprès des pauvres, le rendaient plein de sollicitude et de tendresse. Puis il se plaisait à rappeler un mot d'un saint Père qui semble dire que Notre-Seigneur revêt quelquefois la forme d'un pauvre pour venir auprès de nous : *Donnez à tous*, est-il dit, *de peur que celui à qui vous ne donneriez pas ne fût Jésus-Christ lui-même.*

Si le pécheur était pour lui l'objet de tant de prières, de tant de sacrifices, de tant de fatigues, c'est parce que le caractère de Notre-Seigneur, qui est dans sa pauvre âme, n'est pas en honneur : « Le bon Jésus, disait-il, dans l'âme du pécheur est comme lorsqu'il était traîné ignominieusement dans les rues de Jérusalem. » Cette pensée de foi, toujours présente à sa mémoire, explique parfaitement sa bonté, ses égards, ses prévenances envers tout le monde, sans acception de personnes.

Pour ses actions : « Je vous avoue, disait-il un jour, qu'il m'arrive quelquefois de penser qu'avec un peu de volonté il ne nous est pas très-difficile de faire toujours bien ; car nous sommes entre les mains

de Dieu comme la main de l'enfant dans la main du maître qui lui apprend à écrire; et comme l'enfant, nous n'avons pas seulement la main de Dieu qui forme nos actions, mais nous avons encore tous les modèles possibles devant nos yeux. »
Notre vénérable Père enseignait cette grande vérité bien plus encore par ses actions que par ses paroles. Poursuivons, et nous nous convaincrons de plus en plus de ce que je viens de dire.

XI.

L'Espérance.

C'est une vertu que notre bon Pasteur aimait beaucoup, qu'il pratiquait avec le plus grand soin et qu'il cherchait à glisser et à maintenir dans tous ses enfants. « Rien de plus faux, me dit-il une fois, que tout ce qui peut porter atteinte à cette vertu; pour la détruire, il faudrait auparavant tout détruire, non-seulement la religion, l'Évangile, mais encore Dieu lui-même. Puis, que resterait-il à l'homme dans un pareil isolement ? de sombres pensées, un avenir plein de ténèbres, une existence dont le soupir qui lui apporterait le plus de consolation serait celui qu'il pousserait vers le néant. Cette vertu est celle à laquelle on fait peut-être le moins d'attention, et cependant c'est celle dont l'absence cause le plus de maux. Maintenant, je n'ai pas le temps, mais un jour je vous raconterai un fait qui prouve ce que je vous dis là. »

Il m'avait parlé ainsi un dimanche après avoir lu ou entendu une de ces dissertations déplorables dans lesquelles on ne craint pas de faire de ténébreuses considérations sur le mystère de la grâce, et présenter comme certaines des opinions incompréhensibles mais assez claires pour jeter l'âme dans un sombre découragement. Un jour de la semaine suivante j'eus le bonheur de me trouver seul à seul avec lui dans un moment où il était libre. « Ah! me dit-il en souriant, je vous ai promis de vous raconter une histoire. Eh bien! je vais vous faire voir que je suis plus que fidèle à ma parole: je vais vous en raconter deux (1). Alors dans un récit

(1) Je crois que je ferai plaisir au lecteur en rapportant ici cette petite narration telle que je la transcrivis immédiatement après qu'elle m'eut été racontée:

« Dans la banlieue je visitais quelquefois une famille qui n'était pas dans une extrême misère, parce que le fils aîné, excellent jeune homme, très-sage, très-laborieux, par un travail pénible, donnait au moins du pain au père qu'un accident avait mis dans l'impossibilité de rien faire et à la mère qui, quoique très-faible de santé, était obli-

plein d'intérêt, il me fit voir un excellent jeune homme, l'espérance et le soutien de toute une famille, d'abord perdu par

gée de subvenir, non-seulement aux occupations du ménage, mais encore aux soins nécessaires à son mari et à trois petits orphelins que leur fille aînée leur avait laissés. Un soir j'entre chez eux : « Eh bien! père Antoine, comment ça va-t-il, « dis-je au père qui était assis auprès d'un peu de « cendre d'où la braise avait presque disparu ; et « vous, ma bonne, il me semble que vous êtes un « peu triste ? Qu'est-ce qui s'est passé depuis qua- « tre jours que je ne vous ai vus. — Ah ! répon- « dit le père Antoine en soupirant, ah ! Monsieur, « il s'est passé des choses bien fâcheuses pour « nous. — Allons, allons, voyons, racontez-moi « ces choses, et calmez-vous premièrement : parce « que, voyez-vous, il ne faut jamais désespérer : le « bon Dieu est toujours plein de miséricorde. — « Ah ! reprit-il en branlant la tête, notre gar- « çon !... — Eh bien ! votre garçon... je sais

par la croyance à une fatalité qui devient plus commune à mesure que l'esprit de religion s'éloigne; puis enfin consolé,

« bien qu'il doit tirer au sort cette année, « mais pourquoi vous affliger avant le temps? et « d'ailleurs, il n'est pas dit que le sort lui sera « contraire. — Ce n'est pas cela, Monsieur : notre « garçon dès à présent est à jamais perdu pour « nous. — Comment cela? — L'idée du sort, vous « savez, le préoccupait beaucoup. Un de ses amis, « comme en s'amusant, l'a engagé à consulter là- « dessus une femme qui tire les cartes. Il a con- « senti, histoire de passer un moment. Cette mau- « vaise femme, que le dia... — Halte-là, lui dis-je « en l'interrompant. — C'est vrai, reprit-il, il ne « faut souhaiter du mal à personne, mais pour- « quoi aller dire à mon garçon qu'il serait soldat? « Enfin c'est fait, c'est fait. Mon garçon a semblé « d'abord ne faire aucune attention à cela. Avant- « hier matin il s'est levé plus tard qu'à l'ordinaire. « Après s'être levé, il s'est assis là près du feu, « tout morne. Eh! je lui dis, tu ne vas pas au tra-

rendu pour ainsi dire à la vie par l'esprit de sagesse et le courage que donne l'espérance. « Des exemples semblables,

« vail ? — Non, répondit-il d'un ton sec, je ne veux « plus travailler. Je dois être soldat ; je dois être... « mais je n'ai pas besoin de vous le dire ; c'est mon « destin.... c'est le vôtre aussi de souffrir, ajouta-« t-il d'une voix sombre : je le sais, j'en suis « sûr. Eh bien ! soit. Mais cette pensée me tue, et « je vais chercher à la chasser chez les marchands « de vin. Arrangez-vous comme vous pourrez, je « m'en vais. Depuis ce moment il n'est plus ren-« tré. Aujourd'hui l'on est venu me dire qu'hier au « soir on l'avait rencontré dans un état pitoya-« ble. » Ce récit, comme vous le pensez bien, me fit beaucoup de mal. Pendant que j'employai tous mes efforts à consoler ces pauvres gens, je vis entrer le garçon les yeux et les traits égarés, qui ne m'apercevant pas, dit d'un ton brutal : « Je « n'ai plus d'argent, je viens en chercher. — « Nous n'en avons plus ! dit la pauvre mère en « pleurant. — En voilà, lui dis-je en me levant.

ajouta-t-il, on pourrait en citer par millions ; hélas! il est rare qu'ils aient le même dénouement.

« Je n'ai que vingt sous ; mais que voulez-vous, il « faut se contenter de ce qu'on a. » Étonné de me voir et de mon offre, il reste quelques moments interdit. Cependant, je lui pris la main droite dans les miennes et lui dis : « Allons, voyons, mon ami, « vous savez que je vous aime beaucoup ; et moi, « je sais que vous m'aimez un peu. Eh bien! di- « tes-moi ce que vous voulez faire de cet argent. » Il passait la main gauche sur son front et n'osait pas me répondre. « Quoi, mon enfant! vous vous « taisez ; vous ne m'aimez donc plus? lui dis-je en « l'embrassant. Allons, venez, asseyez-vous à côté « de votre père. Voyez comme il est triste, il « pleure?... » Il obéit facilement ; mais il ne fut pas plutôt assis, que de ses pieds frappant la terre et se dégageant brusquement de mes mains, il se lève comme par un mouvement convulsif et en disant : « Laissez-moi, laissez-moi, je veux m'en « aller. — Mon ami, mon cher ami, lui dis-je, oh !

« Mais je vous ai promis de vous en rapporter un autre, le voici. Oh! celui-ci vous ne le révoquerez pas en doute : c'est d'un missionnaire que je le tiens.

« Ce missionnaire me fit d'abord remarquer que les marins sont extrêmement superstitieux et que leur Dieu c'est ce Dieu

« je vous en supplie, écoutez-moi un peu. Vous
« êtes affligé, mais soyez tranquille, nous remé-
« dierons à tout. — Ah! s'écria-t-il, en se ras-
« seyant comme abattu, je suis perdu : c'est fini!
« — Non, vous n'êtes pas perdu, lui répondis-je,
« avec autorité, et moi, prêtre de Dieu, j'ai le droit
« de vous dire cela, plus qu'une misérable sor-
« cière, de jeter le désespoir dans toute une fa-
« mille. Je vous le répète : non, vous n'êtes pas
« perdu. Pourquoi, cher enfant, ajoutai-je en
« adoucissant la voix, pourquoi, par une mauvaise
« conduite, donner gain de cause au démon qui
« cherche à vous jeter dans le malheur! » A ces paroles il me regarde, puis je vois des larmes tom-

aveugle des païens qui tient un livre dans lequel est inexorablement écrit tout ce qui doit être. Mais, inconséquents avec eux-mêmes, ainsi que toute erreur, ils prennent tous les moyens possibles pour prévenir tout funeste arrêt de la fatalité. Ainsi par exemple, convaincus que le ven-

ber de ses yeux. « Oui, mon enfant, continuai-je, « le démon et ses suppots sont des méchants, et « par une bonne conduite et la prière, bien cer- « tainement nous les ferons mentir. » Il était, comme vous le voyez, devenu traitable ; puis les larmes et les supplications de toute la famille achevèrent le reste. Je restai là encore, j'assistai à leur repas, et le courage qui avait commencé prit de la consistance. Vers neuf heures et demie nous fîmes tous ensemble la prière, et l'on alla se coucher. Le lendemain, ce bon jeune homme avait repris tranquillement ses travaux. Quelques mois après les vœux de ces braves gens avaient été exaucés : le sort du fils avait été heureux.

dredi est de mauvais augure, qu'un prêtre ou un religieux à bord sont d'un sinistre présage; si, par malheur, ils sont obligés de subir une circonstance ainsi empoisonnée, malgré les observations du capitaine et de ceux qui parmi eux ont du bon sens; le découragement se manifeste toujours par quelques faits. « Or, la première fois, me dit-il, que je m'embarquai, nous étions plusieurs prêtres à bord, il y avait aussi des religieuses, et nous fûmes forcément obligés de mettre à la voile un vendredi. Pour le coup, il n'y avait plus de doute que le cruel destin n'eût fait forger de terribles foudres. Il y avait trois mois que nous voguions et la mer avait constamment été charmante; une brise fraîche, tout en faisant filer rapidement le navire, nous avait permis à bord une vie pas trop chargée d'ennuis. Plusieurs ma-

telots semblaient être étonnés de la mansuétude du destin; d'autres murmuraient toujours contre cette espèce de divinité jusque là hypocrite; mais à coup sûr préparant pour plus tard d'atroces perfidies. Le *second*, assez causeur de sa nature, me parlait quelquefois; il me disait un jour : « C'est à la vérité un enfantillage de s'i-
« maginer que telle ou telle chose an-
« nonce bonheur ou malheur. Bah!....
« *notre affaire est marquée* et nous avons
« beau dire, nous y arrivons toujours. —
« Lorsque donc il survient quelque chose
« de fâcheux, nous n'avons pas à nous plain-
« dre, lui dis-je. —Pas le moins du monde.
« — Et si quelqu'un vous donnait un souf-
« flet, qu'auriez-vous à dire? C'est mar-
« qué. — Pardon, Monsieur, c'est que
« probablement il est aussi marqué que je
« lui en rendrai un autre. — Fort bien ré-

« pondu. Mais dites-moi : avez-vous ja-
« mais été à bord d'un navire de guerre?
« — Oui, Monsieur, pour mes péchés,
« pendant quatre ans. — Pourquoi dites-
« vous : pour mes péchés?—C'est que là
« je n'avais pas mal à souffrir. — Je con-
« çois, mais qu'y faire? c'était marqué.
« Que vous faisaient les officiers. — Oh !
« Monsieur, les officiers sont des miséra-
« bles! les pendre tous, c'est la moindre
« punition qu'ils mériteraient. — Oh! oh!
« ne nous mettons pas en colère, car tout
« cela est marqué. — Trève de plaisan-
« teries, Monsieur : il existe d'abomina-
« bles injustices dans le monde — Que
« voulez-vous dire? Je ne plaisante pas du
« tout; car si, selon votre expression, tout
« est marqué, tout va comme cela doit
« être, ainsi que dans une machine mue
« par un grand ressort; et il n'y a pas

« plus de justice ou d'injustice dans les « actes humains que dans les divers mou- « vements des rouages de cette machine. « Dans ce cas, évidemment, ce n'était « pas la peine que l'homme reçût de celui « qui l'a fait une intelligence pour com- « prendre, une volonté pour agir. — « Franchement je ne puis pas vous répon- « dre ; mais que concluez-vous de là ? — Je « conclus de là que l'existence de l'intel- « ligence et de la volonté en nous chasse « toute fatalité, puisque nous pouvons « comprendre le bien et chercher à l'ac- « quérir, puisque nous pouvons décou- « vrir où est le mal et chercher à l'é- « viter. » Je ne voulus pas tirer la dernière conséquence ; je la réservai pour un peu plus tard. Cependant nous arrivions à l'archipel de la Sonde où se trouve des passages très-périlleux ; et comme nous approchions de l'endroit le plus dangereux, une houle immense avertit l'équipage de se tenir sur ses gardes. On ne voulut pas y faire attention. Le capitaine était retenu dans sa chambre par des douleurs atroces de goutte; le second avait dit que ce n'était rien ; et ce *ce n'est rien* avait presque *marqué* une catastrophe. Effectivement, un vent sec s'élève tout à coup avec une force telle que les voiles ne peuvent y résister. Cette surprise attère les dix-huit personnes d'équipage que nous avions ; le second ne sait où donner de la tête ; et soit que le vendredi et les autres motifs de mauvais augure se présentent comme d'effrayants fantômes devant leur imagination, ou pour toute autre cause, le découragement est à son comble : on ne prend que des mesures insignifiantes. Mais les côtes sont là. Un brisant terrible se présente devant ; c'en est fait. Je bondis vers celui qui tient la barre : « Comment! « lui dis-je, vous n'y faites pas attention! — « Monsieur, répondit-il, je ne puis pas en « être maître. — Allons, poussez avec « moi. » Nous donnâmes un coup si fort au gouvernail que la direction du navire fut changée à gauche de six degrés et nous allâmes passer, comme un éclair, tout au plus à deux mètres du brisant. Ce péril évité, nous n'eûmes plus aucun danger à courir. Le reste de la traversée fut comme le commencement. On se montra assez juste pour convenir qu'une des personnes qui avaient été de fatal augure nous avait tirés d'un bien mauvais pas. Puis moi, je fus assez heureux pour parvenir à faire comprendre au second et à beaucoup d'autres que rien ne doit abattre notre espérance, puisque Dieu nous a donné tout ce qui est nécessaire pour nous faire à nous-mêmes notre avenir.

« Ne voilà-t-il pas de longues histoires, « ajouta notre vénérable père. — Pas lon- « gues, lui répondis-je, mais très-intéres- « santes et très-instructives. » Le soir même j'en pris des notes exactes et détaillées. Aujourd'hui, j'en ai fait mon profit pour qu'il soit celui de tous mes lecteurs; et elles lui seront utiles ; car la nature humaine est si encline à cet esprit de fatalité, que celui qui se dit être le plus au-dessus de cette petitesse qu'on appelle la destinée, ne laisse d'éprouver un je ne sais quoi de pénible en présence d'un fait auquel le vulgaire attache certains pronostics. J'ai vu une personne dans une brillante position, ayant de l'éducation, des talents peu communs, tomber malade à la suite de préoccupations qui lui venaient de s'être trouvée à une table où étaient assises treize personnes. Une chose la consolait pourtant, disait-elle, c'est que ce n'était pas elle qui se trouvait du côté de la porte. Il faut cependant que nous soyons bien peu de chose pour que de semblables enfantillages aient quelque influence sur nous.

Terminons nos considérations touchant la vertu de l'Espérance, en disant quelques mots sur un point plus grave.

Quand l'ennemi du salut voit qu'on ne veut pas obéir à ses inspirations perverses, il se retire; non parce qu'il a terminé ses attaques et renoncé à la perte qu'il avait entreprise, mais pour exercer dans l'ombre ses cruelles perfidies; et c'est de ces attaques latentes que viennent les scrupules, les désolations qui tourmentent les personnes pieuses dont la bonne volonté a déjà fait remporter de nombreuses victoires sur les passions. Notre vigilant Pasteur ne perdait pas de vue ces ruses de l'ennemi de son troupeau ; et toutes les fois que ces victimes du mensonge caché, venaient à lui, jamais elles ne s'en retournaient sans avoir l'âme pleine de confiance, et sans jeter vers les cieux un regard de filiale crainte. « Il ne faut pas, disait-il un jour, avoir *peur* du bon Dieu, il faut *craindre* de ne pas l'aimer toujours davantage. C'est une bien grande erreur de penser qu'il faut avoir *peur* de Dieu : il faut avoir peur d'une bête féroce, d'un tyran ; il faut aimer Dieu avec la même paix que l'enfant sur le sein de sa mère. Toute crainte qui exclut cet amour tranquille est diamétralement opposée au véritable esprit de religion, de piété. La première parole que Dieu nous a fait entendre en apportant son amour et le salut à la terre, est celle-ci : *Paix aux hommes de bonne volonté;* et l'Église de tous les siècles avec tous ses enfants, transportée de foi et de reconnaissance lui a répondu : *En vous, Seigneur, j'ai placé mon espérance; je ne serai jamais confondue.* »

XII.

La Charité.

« Mes enfants, aimez-vous les uns les autres comme je vous ai aimés. » Ces paroles du divin Sauveur que notre bon Père se plaisait tant à répéter, il me semble toujours les entendre de sa bouche.

N'est-il pas vrai que l'enfant sur les genoux de sa mère se laisse pénétrer de tous les sentiments qui palpitent dans l'âme de celle qui lui a donné le jour et que son petit cœur s'épanouit par les émanations du cœur qui l'a formé? Oui, ces rayonnements d'une vie à une autre, cette transmission d'essence, ne peuvent laisser supposer une dissimilitude dans les deux êtres : le même principe vivificateur les anime.

Or, M. Portalès était notre père, et c'est à bon droit que nos lèvres prononceront toujours ce doux nom, si profondément gravé dans notre cœur, parce que nous montrerons que nous sommes ses enfants, en imitant ses vertus, écoutant et mettant en pratique ces paroles que son souvenir nous fait entendre : « Mes enfants, aimez-vous les uns les autres, comme je vous ai aimés. »

Et comment nous a-t-il aimés, comment, quant à la charité, a-t-il imité lui-même le modèle des bons Pasteurs ? Tâchons de le graver en nous de manière à ne jamais en perdre la mémoire.

Nous avons dit que notre bon Pasteur nous aimait comme une mère son enfant. Considérons donc la mère. Avec quelle sollicitude elle développe et embellit ce petit elle-même qui grandit entre ses bras! avec quelle vigilance elle considère tous ses mouvements pour écarter tous les périls, pour subvenir à tous ses besoins, en même temps que pour orner son esprit et son cœur, mot par mot, soupir par soupir, elle effeuille sur lui sa propre intelligence, ses propres sentiments.

Eh bien! tel était notre bon Père à l'égard de tous ses enfants.

Pour sa charité, quant aux besoins de la vie matérielle, nous en avons déjà parlé, mais il faut bien en parler encore, non pas pour achever de tout dire; c'est impossible : quel est le volume qui pourrait contenir tous ses faits de générosité, tous les sacrifices qu'il s'est imposés pour apaiser les faims, essuyer les pleurs, prévenir les désespoirs? Quel est le lieu le plus caché de sa paroisse où l'on ne puisse trouver l'empreinte des pas de sa charité?

Son cœur ne lui laissait pas un moment de relâche, parce qu'il savait qu'il y a toujours des misères inconnues, des pleurs, des sanglots qui se cachent dans la solitude du respect humain. Pour ceux-là, il n'y avait pas de moyen qu'il ne prît, afin de les découvrir. Non-seulement il faisait des recherches lui-même, mais il employait à cela toutes les personnes qu'il croyait pouvoir lui être utiles sans inconvénient. C'est dans ce but qu'il établit à Bonne-Nouvelle la conférence de Saint-Vincent de Paul, — cette société de laïques choisis, dont la générosité et le zèle toujours croissant consolent depuis si longtemps Paris de l'égoïsme que la spéculation toujours inquiète répand sur lui comme une malédiction.

Un jour, quelqu'un lui disait : C'est bien, c'est parfait que tout cela ; mais vous vous fatiguez trop. « Bah ! répondit-il, je suis un commerçant, et il faut que je fasse honneur à mes obligations. Et puis, soyez tranquille, ce n'est pas moi qui fais tout, il s'en faut de beaucoup : car j'ai mes commis voyageurs, mes *placiers*, mes agents d'affaires et mes banquiers. A ces derniers, je donne des billets payables à mon domicile par le maître de la maison ; et je les prie de venir se faire payer le plus tôt possible : à tous, parce qu'ils font très-bien ce que je leur dis, je donne d'excellents appointements que j'engage à toucher très-régulièrement. Et puis moi aussi j'ai ma Californie que j'exploite ; et je pense qu'on ne trouve pas à redire à ce que l'exploiteur cherche activement les filons d'or et qu'il les poursuive activement quand il les a rencontrés. » Peu après il ajouta : « Les pauvres, les pauvres ! quelle bonne Californie ! »

Le langage figuré, allégorique, lui allait parfaitement, surtout dans la conversation, et l'on voyait qu'il se plaisait beaucoup à rendre sa pensée sous ces formes gaies et attrayantes. C'est ainsi qu'un jour, venant à moi, il me dit : « Écoutez, il me faudrait aller à la chasse ; je n'ai pas le temps ; allez-y pour moi, voilà des armes. » Il me mit en même temps dans la main six pièces de cinq francs. « Il faut, continua-t-il, aller chasser le loup de la misère, qui cherche à dévorer plusieurs de nos brebis, rue . ..., n° ... » Ensuite, il me fit connaître les besoins et me dit ce qu'il y avait à faire

Il est d'autres malheureux qui ne sont pas moins à plaindre que ceux qui sont obligés de vivre d'une aumône de chaque jour : ce sont ceux qui hier étaient dans l'abondance, ou vivaient paisiblement dans un état de prospérité soutenue par le travail, et qui aujourd'hui, par un coup de la capricieuse fortune, se voient dans le plus complet dénûment; ceux qu'une impitoyable justice humaine arrache de chez eux pour les jeter à la merci du désespoir; ceux qui, victimes de noires ingratitudes, se trouvent tout à coup n'ayant pas un abri, une pierre pour reposer la tête; ceux qui, poursuivis par la calomnie, rejetés de toutes parts, persécutés par la faim, sont dans un imminent danger de perdre leur invisible innocence ; ceux qui, martyrs de leur conscience, pour ne pas rester dans un coupable servage, sont maintenant aux prises avec tous les besoins de la vie ; enfin, tous ceux qui n'avaient pas l'habitude de lutter avec la misère, et qui sont dans ses plus cruelles étreintes. Combien de ceux qui se sont trouvés dans ces tristes positions n'ont pas eu à bénir la charité de notre vénérable père ! Tous ceux qu'il a connus ont reçu de lui au moins les secours les plus pressants ; beaucoup, par lui, se sont vus délivrés du malheur qui les menaçait, et rendus à la paix de leur prospérité laborieuse.

Il n'attendait pas qu'on vînt frapper à sa porte ; il allait lui-même au-devant et prenait tous les moyens pour prévenir la honte que l'on aurait eue de s'adresser à lui, ou pour cacher lui-même le mérite de sa sollicitude. Il est arrivé souvent que lorsqu'un malheur survenait quelque part, ou que quelqu'un se trouvait dans un extrême besoin, lui, le vigilant Pasteur, semblait se rencontrer là par hasard.

Voici de ses manières d'agir : il monte dans un escalier, il frappe à une porte, il entre : « Tiens! dit-il, ce n'est pas ici où il y a un malade? — Non, monsieur le curé, lui dit une personne d'une voix triste. — Ah! mais vous, mon enfant, vous n'êtes pas bien gaie, à ce qu'il paraît. Allons, je suis content d'être venu. Et vous, là, vous paraissez avoir pleuré. Je suis votre père, moi, et vous ne devez pas être étonnés que je m'informe de ce qui fait de la peine à mes enfants. » A ces paroles, on répond timidement, et lui interrompt en disant : « Allons! allons! ne nous décourageons pas. » Lui-même ensuite dit, sous la forme d'un *peut-être*, tout ce dont on a besoin ; puis se lève en mettant sur la table une pièce, et disant : « Voilà pour commencer, je vais tâcher de vous envoyer le reste. » Alors les sœurs des maisons de secours sont mises à contribution, et dans cette pauvre famille, les larmes amères sont changées en larmes de reconnaissance.

Une autre fois, le bon Pasteur passe comme par hasard devant une maison où nombre de personnes sont rassemblées ; il s'approche : « Il y a sans doute quelque malade ici, dit-il. » Puis il monte : il voit une femme et des enfants qui pleurent ; le mari est désolé ; des hommes qui écrivent, d'autres qui déjà ébranlent les meubles pour les sortir. « Que faites-vous là, mes amis, dit-il ? » Une voix affreusement guognenarde lui répond : « Eh ! monsieur, vous le voyez bien, nous voulons nettoyer cet appartement. — Allons, allons, mes amis, est-ce qu'il n'y aurait pas moyen d'attendre encore un peu ? — Non, lui répond quelqu'un, avec l'aménité d'un huissier. Oh ! ce serait autre chose, si l'on comptait là 400 francs ; alors nous attendrions pour toujours. — Eh bien ! mes amis, je ne vous demande que cinq minutes. — Écoutez, monsieur l'abbé, cinq minutes, montre en main. — Ça suffit, merci » Il descend rapidement l'escalier, il entre dans le premier magasin : « Je vous en supplie, dit-il, prêtez-moi, vite, pour une heure 400 francs. — Mille, si vous voulez, monsieur le curé, et pour tout le temps que vous voudrez. » Il prend les 400 francs, remonte avec la même célérité qu'il était descendu : « Allons, messieurs, voilà vos 400 francs, ne nettoyez pas la maison de cette manière, donnez votre quittance, et allons tous, autant que possible, tâcher de nettoyer notre conscience. »

Voilà deux faits : il y en a mille autres du même genre que nous sommes obligés de publier tout bas et à mots couverts; car enfin il ne sont pas si loin dans le passé, et nous devons ménager de légitimes susceptibilités; pourtant ils sont consignés, et ils paraîtront au grand jour alors qu'il n'y aura plus d'inconvénient.

Le bon Père souvent n'attendait pas d'être sûr que ses enfants étaient dans un besoin réel; il ne reposait pas qu'il ne s'en fût informé. Il allait toujours apporter des consolations, et dans la conversation il disait : « Voyons, mes enfants, ne vous gênez pas avec moi ; vous devez avoir fait des pertes considérables : il ne serait pas étonnant que vous ne fussiez en peine ; allons, ne vous gênez pas : je puis un peu venir à votre secours. » Dans plusieurs magasins du boulevard, des personnes qui ont été cruellement victimes des derniers troubles politiques se font un bonheur de dire, à qui veut l'entendre, quelles sont au nombre de ceux auprès de qui notre bon Pasteur a ainsi exercé sa sollicitude paternelle.

Il est des hommes qui, sous prétexte de prudence, ne donnent pas aux pauvres selon leurs moyens, il s'en faut de beaucoup : on craint, dit-on, de donner, parce que *peut-être* celui qui demande n'est pas dans le besoin qu'il expose ; *peut-être*, en donnant, on va favoriser la paresse ; *peut-*

être cette personne pauvre est assez vicieuse pour user mal de l'argent qu'on lui donne, etc., etc. Puis on cite quelques exemples, hélas! vraisemblables, mais, il faut le dire, pas toujours vrais. Un jour, quelqu'un, en ma présence, tout en conservant les apparences du respect qu'il avait pour notre vénérable Père, cherchait à faire entendre « qu'il est bon sans doute de faire l'aumône, mais qu'on ne la fait pas toujours avec prudence, et qu'il fallait y prendre garde. Il ajouta qu'une fois, voulant mettre la chose à l'épreuve, il avait donné 50 centimes à un *mendiant* qui lui disait avoir bien faim ; et qu'après avoir reçu *cette somme*, ce *menteur effronté* avait vite couru chez un marchand de vins ; puis qu'il était constant qu'il n'y avait pas mal de pauvres qui *s'avisaient quelquefois* de ne pas se contenter de boire de l'eau, qu'ils prenaient du café, de l'eau-de-vie, et mangeaient *parfois de la bonne viande.* » Il appuya sur cette dernière imputation. « Ah ! monsieur, répondit notre bon Père, permettez-moi de vous dire que je ne suis pas de votre sentiment. Allons, ajouta-t-il, en prenant son ton de douce et charmante gaîté, ne soyons pas rigoureux pour des frères : les pauvres, voyez-vous, sont nos frères, et des frères malheureux, d'autant plus que tandis qu'ils sont dans la disette, d'autres s'amusent au milieu de l'abondance. Ils aiment *le vin*, *le café*, *l'eau-de-vie*, *la bonne viande*, dites-vous. Oh ! ce n'est pas un crime d'aimer tout cela ; vous l'aimez, vous, un peu, n'est-ce pas ? Moi j'avoue que tous les jours, à peu près, je prends de tout cela, et... avec plaisir. Voyez-vous, cela réconforte, surtout quand il y a longtemps qu'on n'a rien mangé. Votre *menteur effronté* a couru chez un marchand de vins ; mais c'est tout naturel qu'il allât où on pût lui donner à manger et à boire. Pourtant, j'avoue que bien des pauvres abusent des aumônes comme bien des riches de leurs fortunes ; et malgré cela, il ne faut pas plus détruire les aumônes que les fortunes. Il faut donner avec prudence, c'est vrai ; mais il ne faut jamais refuser que lorsque l'on est positivement sûr que ce que l'on donne est employé à nourrir le vice. Ne pas donner, de crainte qu'on abuse de l'aumône, ce serait punir bien des innocents pour atteindre quelques coupables. Pour moi, quand je saurais me tromper quatre-vingt-dix fois sur cent, je donnerais toujours, de crainte qu'un seul innocent payât pour les quatre-vingt-dix coupables. Et puis il faut que je vous avoue autre chose : encore je donnerais toujours, de crainte que *la prudence*, qui me pousserait à ne pas donner, ne me fût inspirée par la volonté de garder pour moi seul ce que j'aurais donné aux autres. » Ici, le monsieur de *la prudence* se pinça un peu les lèvres : *loculos enim habebat.*

Il est d'autres personnes en qui cette *prudence* n'est pas inspirée par le même motif : celles-là veulent bien donner, mais elles ne peuvent guère se résigner à donner elles-mêmes ; elles préféreront donner davantage, et que ce soit par les mains d'un tiers. Je me souviendrai toujours de ces paroles que du haut de la chaire un jour notre bon Pasteur adressait à ses paroissiens : « Quand vous nous apportez de quoi soulager les misères des pauvres, vous nous faites un grand plaisir ;

le bon Dieu sait toute la reconnaissance que votre charité excite en notre cœur. Mais permettez-moi de vous dire que si de temps en temps, vous-mêmes, connaissant quelque infortune, vous alliez, de votre propre main, cicatriser les plaies saignantes, essuyer les larmes de la douleur délaissée, vous en retireriez de grands avantages. Le spectacle des gémissements, du besoin se présentant sous toutes les formes, non-seulement entretient dans le cœur les doux sentiments de l'amour de ses frères, mais encore les dilatte, leur donne quelque chose de plus divin. »

Continuons et parlons de la sollicitude de notre bon Pasteur, pour le bien spirituel de ses enfants.

XIII.

Suite de la Charité.

Quand le divin législateur, dans l'Évangile, nous dit d'aimer notre frère *comme nous-même*, il nous donne, par ces paroles mêmes, le meilleur moyen de parvenir à mettre en pratique ces autres lois qu'il nous recommande avec instance : *ne jugez pas* les autres; *ne faites pas attention à la paille qui se trouve dans l'œil de votre frère; supportez-vous les uns les autres*, afin de devenir semblables à celui qui *n'éteindrait pas le tison qui fume encore*, qui *n'achèverait pas de détruire le roseau déjà rompu* : car l'exécution de ces lois dépendent beaucoup de la connaissance de nous-mêmes. Quand nous nous connaissons nous-mêmes, que nous ne nous faisons pas illusion sur notre propre compte, que nous apprécions en nous le fort et le faible, nous savons combien et de quelle manière nous devons nous aimer; avec le mécontentement de nous-mêmes, que nous a produit cette connaissance nous avons appris aussi combien nous avons besoin d'indulgence et partant combien nous devons être indulgents à l'égard des autres.

Jamais je n'avais compris cette vérité pratique, si essentielle dans la vie, aussi bien qu'auprès de notre vénérable père.

Quand nous la pénétrons bien cette vérité, nous ne sommes plus étonnés de voir avec quelle facilité les personnes vicieuses sont toujours prêtes à distribuer des blâmes ; nous ne sommes pas étonnés de voir la rigueur avec laquelle elles infligent des punitions : elles trouvent du mal partout ; elles ont toujours la pire interprétation sur les lèvres ; ce qui est en elles, ce qui vient d'elles seulement, est exempt de défauts et mérite louanges ; dans leurs punitions elles sont inexorables comme la fatalité. On conçoit aussi qu'il doit en être bien autrement des personnes solidement religieuses. Celles-ci, d'abord, occupées à la destruction de leurs propres défauts n'ont le temps de se mêler des défauts d'autrui que lorsqu'une impérieuse obligation les y oblige. Au reste, elles voient le bien là où il est, devant le doute elles sont ingénieuses à trouver des interprétations favorables ; quand l'évidence du mal paraît, elles se tourneront du côté de la volonté qui toujours aura pu être bonne ; les rares punitions qu'elles inffligent sont empreintes d'une douceur, d'un amour fraternel qui les rendent efficaces pour l'avenir, et leur pardon s'éveille à la présence du moindre motif.

C'est ainsi que notre vénérable père comprenait l'esprit avec lequel nous devons agir les uns à l'égard des autres. Aussi dans ses conversations comme dans ses instructions il ne laissait passer aucune circonstance qui pût l'amener à faire des recommandations pour l'indulgence. « Plus nous sommes indulgent à l'égard des autres, plus notre juge suprême sera indulgent à notre égard. »

Rien ne faisait mal à son cœur comme cette rigueur impitoyable avec laquelle on tourmente le prochain, soit pour ses défauts de caractère, soit pour les fautes qu'il a pu commettre, soit lorsque, revêtu des pouvoirs apparents que donnent les conventions humaines, on distribue aux inférieurs les reproches et les dédains en même temps qu'une impérieuse, écrasante volonté et quelquefois le désespoir qu'est obligé d'infliger une aveugle justice. Cette idée dans ses instructions remuaient son zèle souvent à l'excès. C'est, hélas! l'excès de zèle sur ce point qui amena la catastrophe du 9 octobre : il prêchait sur ce méchant créancier de l'Évangile qui, lui-même, ayant reçu de son maître la remise de nombreuses dettes, avait usé d'une infâme cruauté à l'égard de son propre débiteur qui, les larmes aux yeux, le suppliait de prendre patience afin de lui donner le temps de se libérer.

C'est le même esprit de tolérance qui lui faisait poursuivre, avec un zèle ardent, le jugement téméraire, la médisance et la calomnie, autant de vices que l'ennemi de tout bien, glisse, sans qu'on s'en aperçoive, dans ceux qui ont les plus belles apparences de dévotion. Lui, le bon Pasteur, toujours indulgent, toujours disposé à pardonner, à mêler ses larmes aux larmes du pécheur faisant l'aveu de ses faiblesses, devenait impitoyable auprès des médisants, de ceux qui semblent pour ainsi dire faire profession de s'occuper sans cesse de la conduite d'autrui. Je puis dire qu'à l'exemple de Notre-Seigneur, qui ne s'est emporté que contre les Pharisiens, notre bon père ne s'est jamais emporté que contre ces méchants Aristarques qui s'arrogent le droit de passer tout le monde au creuset de leur critique, qui se permettent l'orgueilleuse prétention de gouverner tout selon leur propre jugement, qui, au nom d'une religion de paix qu'ils profanent, répandent ou accréditent des bruits qui compromettent et tourmentent l'innocence.

Les dénonciations auprès de lui n'avaient aucun pouvoir. Que dis-je, presque toujours il prenait le parti de l'accusé; il prenait le parti de l'accusé non seulement en paroles, mais réellement et en action : je l'ai vu nombre de fois témoigner à quelqu'un, d'autant plus de bonté et de bienveillance, qu'on lui en avait mal parlé. Je connais une personne qui était tellement persuadée de ce que je viens de dire, qu'un jour, voulant lui demander une grâce, lui avait auparavant envoyé quelqu'un parler mal d'elle. Son attente ne fut pas trompée, elle obtint ce qu'elle désirait. Je ne rapporte pas cette supercherie comme une action louable; il s'en faut de beaucoup; mais pour prouver combien notre vénérable père était persuadé que le démon du mensonge seul présidé à cette calamité que vulgairement on appelle *cancans*.

Un jour une dame venait auprès de lui, faire des plaintes contre un ecclésiastique de la paroisse. — Hélas! il n'y a pas seulement des messieurs; il y a même quelquefois des dames qui ont a se plaindre des ecclésiastiques qui, malgré elles, veulent faire leur devoir. — Avant d'entendre les chefs d'accusations : « Connaissez-vous, Madame, lui dit notre père en souriant, connaissez-vous la fable de la mère des petits hiboux ? » Étonnée de cette question, la dame ne répondait pas. « Allons, allons, la connaissez-vous? — Non, M. le curé, répondit-elle enfin, avec l'air d'une personne qui ne comprend pas ce qu'on veut lui dire. « Ah! Eh bien, ce n'est pas nécessaire; vous avez des enfants et ils sont bien gentils, n'est-ce pas? » Ici l'attention se réveilla, fit même oublier pour un instant le but de la démarche. « Oui, monsieur, et j'en suis bien contente. Tout le monde me les trouve charmants. Je vous les amènerai un jour, vous verrez —Bien, très-bien. Eh, si je ne les trouvais pas bien qu'est-ce que vous diriez? — Oh! M. le curé, ce ne serait pas juste, car je vous l'assure... » Ici la modestie maternelle termina la phrase par un gracieux et complaisant sourire « Ah! Eh bien, Madame, je suis comme vous; mes ecclésiastiques sont mes enfants et je ne crois pas que ce soit juste de trouver quelque chose à dire sur leur compte. Allons, bonjour madame, amenez-moi vos enfants, je les verrai avec beaucoup de plaisir. »

Notre bon père était d'une indulgence qui se changeait souvent en dévouement lorsqu'on venait demander les secours de la religion, pour accorder les sacrements, surtout pour faciliter les mariages. Des faits de ce genre par lesquels il a fait un bien immense à la morale sont innombrables. Quels que fussent pourtant sa tolérance et son zèle sur ce point, il observait les règlements ecclésiastiques avec la plus grande ponctualité, mais toujours il faisait aisément supporter sa rigueur avec son esprit et sa gaîté. Ainsi, par exemple, un jour, remplaçant un de ses ecclésiastiques qui était malade, il faisait un baptême. Il se présente pour parrain un homme grand, tête carrée, les yeux bleus et un peu luisants, la barbe rouge, bien mis. A cette interrogation : « Voulez-vous vivre et mourir dans la foi catholique, apostolique et romaine? il répondit d'une voix passablement solennelle : Mozié, ché soui gatholique, abostolique et non romain. — Eh bien ! répondit M. le curé en souriant : vous serez catholique, apostolique et non parrain. Allons, continua notre bon père, ne soyez pas fâché que j'observe nos lois ; je reconnais à la franchise de votre réponse que vous-même ne reculeriez pas devant votre devoir. Eh bien ! vous le voyez, je vous imite ; et en vous refusant, j'en suis sûr, vous ne serez que plus content de moi. » A ces paroles, le *non romain* tranquillement, même en souriant, se retira *non parrain*. Nous trouvons dans la vie de notre bon père un nombre considérables de ces exemples, mais pour le moment, ceux-là nous suffisent amplement, et nous apprennent la douce tolérance avec laquelle nous devons supporter les défauts de nos frères, à nous replier sur nous-même pour chercher à déraciner nos propres défauts lorsque nous sommes tentés de scruter et juger la conduite d'autrui, à céder à notre prochain jusqu'aux dernières bornes de notre devoir, enfin, à tenir loyalement à notre discipline, sans jamais montrer les arêtes tranchantes d'une rigueur pharisaïque. C'est ainsi que, dans les limites de notre petite vertu, nous ferons ce que notre bon pasteur a fait en grand : nous déchargerons nos frères de bien des douleurs et nous leur ferons trouver doux le joug du Seigneur, et léger le fardeau de le loi.

XIV.

Suite de la Charité.

Les hommes, trop souvent, confondent la charité avec ce sentiment naturel, j'oserais même dire charnel qui nous excite à la commisération, toutes les fois qu'une douleur se présente à nos yeux, ou nous fait entendre ses gémissements. C'est, à la vérité, un grand bienfait du Créateur que le sentiment : sans lui la société ne serait pas possible : il est le ciment avec lequel les cœurs s'unissent, comme il est le moyen par lequel les beautés de la création établissent d'intimes relations entre le ciel et nous. Malgré nous-mêmes, malgré les dérèglements de notre intelligence et de notre volonté, il nous fait sentir son heureuse influence. Pourtant, hâtons-nous de le dire, si cette faculté en nous, comme toutes les autres et plus que toutes les autres, ne se laisse guider par la religion, si elle veut isoler sa vie et n'agir que par elle-même, ses bienfaits sont bornés comme la vie de ce monde et souvent son aveugle impétuosité entraîne dans des voies de perdition. On conçoit parfaitement qu'il doit en être ainsi lorsqu'on considère la nature toute matérielle du sentiment : il cherche sa satisfaction ; partout où il la trouve il se précipite ; et ce ne peut jamais être que vers un objet accessible au sens. Cette vie de sentiment en nous, loin d'être suffisante, nous est contraire, car la véritable nature de notre être est toute spirituelle, et nous ne pouvons pas trouver notre bonheur dans la satisfaction d'un instant. Il faut donc que notre sentiment soit spiritualisée et que tous ses actes portent la même empreinte, sans quoi ils sont de nul effet pour notre véritable bonheur : l'esprit ne peut pas permettre que l'objet de son bonheur ait des bornes, ni quant à son essence, ni quant à sa durée ; conséquemment, il n'y a pas une action de l'homme qui puisse le rendre heureux, si la divinité elle-même ne s'y communique. Ainsi les actes matériels de bienfaisance ne peuvent prendre le nom de Charité que lorsque c'est la religion qui les opère ;

ainsi les actes de charité qui ont le plus d'importance sont ceux par lesquels on fait du bien à l'âme de ses frères. Oui, il faut que nous aimions nos frères, mais comme nous sommes capables de les aimer, c'est-à-dire pour leur véritable bien; et que nous cherchions à les rendre véritablement heureux : conséquemment, notre sollicitude pour leur bien-être matériel doit avoir un but grand, digne du caractère sacré qui, en nous tous, élève notre essence et la rend participante du bonheur de la divinité même; conséquemment encore, nos soins les plus empressés pour nos frères doivent avoir immédiatement pour objet ce qui est immatériel en eux, leur âme, leur immortalité. Ces considérations, qu'il était impossible de ne pas faire en méditant la vie de charité de notre bon pasteur établissent clairement la différence qu'il y a entre la bienfaisance de la religion et la bienfaisance d'un philanthropisme matérialiste. L'un est divin, l'autre est humain; l'un est permanent, l'autre transitoire; l'un est amour, dévouement, l'autre égoïsme; en un mot, celui-ci dit au malheureux : mange; celui-là dit au frère : vis; voilà pourquoi la philanthropie n'a que du pain, et la religion qui sait que l'homme ne vit pas seulement de pain lui distribue en même temps et surtout la parole de Dieu.

Cette parole de Dieu, notre vénérable père, la distribuait à tous ses enfants, avec profusion, dans toutes les circonstances favorables, et ces circonstances il savait se les ménager partout.

Dès ce moment se déroule devant nous un horizon immense; et si nous voulions nous arrêter à tous les actes de charité de notre bon pasteur, chacun de ses pas devenant pour nous une méditation, nous serions infimes. Mais nos bornes étroites ne nous laissent plus qu'un petit espace, nous ne pouvons faire que quelques considérations.

La maison de Dieu était sa demeure : elle était son lieu de repos, parce que là, plus que partout ailleurs, il était en communication avec le bien-aimé de son cœur ; elle était le gras pâturage dans lequel il réunissait ses brebis pour partager avec elles la nourriture céleste qui nous soutient dans notre marche vers la montagne sainte ; le lieu saint était encore pour lui un champ de bataille dans lequel il mettait en fuite l'ennemi et conservait précieusement ses dépouilles.

Là peut-être, plus que partout ailleurs,

il montrait sa douceur, sa simplicité, sa gracieuse naïveté d'enfant, mais il accompagnait ces aimables et engageantes manières, selon les circonstances, de la gravité et de l'animation dont le zèle a besoin, et du recueillement que les moments solennels commandent. Quelquefois la gravité dans le saint lieu se montre sous des apparences roides, impassibles; les demandes et les réponses nécessaires se traduisent sous des dehors froids, il y a quelque chose d'authomate ; le recueillement prend des dehors sombres ou gaindés, les distractions sont chassées par des grimaces. Loin de tomber dans ces défauts bien involontaires et dont ne peuvent se défaire des personnes vraiment pieuses, notre bon pasteur, pendant ses angéliques entretiens avec lui-même, au milieu des moments les plus solennels et des plus vénérables cérémonies, laissait paraître dans ses traits, dans son maintien, une sainte simplicité, une aisance aussi gracieuse que pleine de respect ; un aimable rayon de bonté ne quittait jamais son regard, et s'il avait à parler ou à répondre ses traits prenaient immédiatement le suave sourire que produisaient toujours en lui les égards qu'inspire la charité. Quelquefois dans les instructions le zèle revêt de virulents dehors, se répand en amers reproches. Le zèle de notre bon pasteur, c'était des élans d'enthousiasme sur l'amour de Dieu, sur les bienfaits de la divine Eucharistie, sur les glorieux priviléges de la très-sainte Vierge, sur les caractères célestes de la charité, sur les beautés de la vertu ; c'était des pleintes remplies de mélancolies contre le mal que le vice fait au cœur de *notre bon Jésus ;*

c'était des invitations pressantes au pécheur d'entendre la voix de la grâce et d'éviter les peines réservées à l'ingratitude. Dans les reproches qu'il avait à faire il gardait le plus grand calme; il commençait par excuser ceux dont il avait à se plaindre, puis disait sous la forme d'une grâce qu'on demande, ce qu'il y avait à faire.

Pour la conversion des pécheurs, la persévérance et l'avancement dans la perfection des âmes pieuses, il n'y a pas de moyen qu'il n'ait pris, de fatigues qu'il ne se soit imposées.

Il saisissait avec avidité toutes les occasions pour faire pleuvoir des grâces, toutes les époques que l'Eglise a marquées plus spécialement pour attirer les miséricordes divines. Les Avants, les Carêmes, les Jubilés étaient pour lui des temps de bonheur ; car il voyait alors reparaître au bercail beaucoup de brebis égarées.

Pour avoir une idée de sa joie le Jeudi-Saint et le jour de Pâques, qu'on se figure au milieu de ses convives le père de l'enfant prodigue, lorsque celui-ci, délivré de l'abîme des misères où l'avait plongé le mépris de ses devoirs d'enfant, fut rentré sous le toit paternel : il n'y a pas de doute que dans tous ses mouvements, dans toutes ses paroles, cet heureux père faisait paraître l'allégresse qui surabondait dans son cœur.

La même jubilation se montrait aussi en notre bon père les jours de première communion

Dans les mois de Marie on aurait dit que sa joie s'entourait de fleurs : dans sa conversation, dans ses instructions son langage était peut-être plus figurées que jamais; il n'y avait pas de grâcieux emblêmes qu'il n'appliquât à l'immaculée reine des anges. Ce mois il le consacrait, sans doute, spécialement à l'avancement spirituel de ses fidèles enfants, cependant il n'oubliait pas les pécheurs; il leur disait avec sa charmante simplicité : « Mes frères, vous, pauvres frères, qui êtes encore les débiteurs du bon Dieu, — eh! oui, vous êtes ses débiteurs tant que vous n'aurez pas fait votre communion pascale, — eh bien! tout n'est pas encore perdu. Voyez-vous, Marie, la Très-Sainte Vierge est une aimable glaneuse qui vient dans ce mois pour recueillir tous les épis que n'ont pas enlevés les moissonneurs, dans le grand temps de la moisson. Eh bien! pauvres épis, ne restez pas dans ces sillons que vont dévorer les ronces et brûler les ardeurs du soleil : laissez-vous prendre par la douce Marie, elle vous portera au milieu des fleurs du ciel, sous les ombrages de la grâce. Là vous serez bien contents, je vous l'assure. »

Parmi les œuvres de son zèle une de celles auxquelles il tenait le plus était le cathéchisme de persévérance. Il surveillait avec sa vigilance de bon Pasteur et présidait quelquefois celui des jeunes gens ; il faisait lui-même celui des jeunes personnes ; il employait beaucoup de temps à cette excellente œuvre ; mais ce n'était pas un travail pour lui, c'était une très-agréable récréation. « Ces enfants de la persévérance, disait-il quelquefois, ce sont mes enfants de prédilection. » Il parlait de ces chères enfants comme une mère fait des siens. On aurait presque dit qu'il était orgueilleux de leur piété et de leur intelligence. Il va sans dire qu'il était bien payé de retour et que ces reconnaissantes jeunes personnes mettaient toute leur application, toute leur émulation à correspondre aux bienfaits que leur attirait leur bien-aimé père.

Le zèle pour le salut des âmes ne le quittait jamais : partout où il était, partout où il allait, il fallait que d'une manière ou d'une autre il cherchât à remporter quelques victoires sur l'ennemi du salut. Cette dernière considération que nous allons faire très rapidement serait capable de remplir un gros volume.

En quoique ce soit il trouvait toujours moyen d'émettre gracieusement un pieux enseignement, une délicate recommandation. Ainsi, par exemple, se trouvant dans un salon, une demoiselle est priée de faire voir à M. le curé son talent pour la musique ; quand elle a fini : « c'est parfait, Mademoiselle, lui dit notre bon père, si l'harmonie dans vos prières est aussi bien, aussi fidèlement mise en exécution que dans votre musique. — Ah bien ! dit un monsieur qui peut-être voulait faire un trait d'esprit, voilà un petit supplément à votre dernier sermon sur la prière, mais je ne crois pas que Mademoiselle en ait besoin : elle est fort pieuse. — Très-bien, très-bien, répondit notre bon père, mais pour si pieux que l'on soit, nous sommes tous de ce monde, où les plus belles choses ont le pire destin, si le bon Dieu, de temps en temps, ne donne des *suppléments* à ses grâces. Et puis, et puis, nous avons d'autant plus besoin de ces *suppléments* que nous avons plus d'occasions d'éparpiller les biens qu'il nous a faits. Ensuite je pense, Monsieur, que vous ne serez pas plus fâché contre moi que Mademoiselle le serait contre un professeur de musique qui lui indiquerait le moyen de faire mieux. Voyez-vous, à chacun sa spécialité. »

Dans une autre circonstance, notre bon père s'est donné le titre de *commis voyageur du bon Dieu*. Et certes, je ne crois pas qu'il y ait au monde de commis voyageurs qui aient fait d'aussi nombreuses et d'aussi bonnes affaires à son patron. Je ne veux rapporter que deux faits : ils suffiront pour donner une juste idée de sa constante application à répandre partout les bienfaits de la grâce.

Un jour, en traversant la place de la Concorde, je vis notre vénérable père se dirigeant à pas lents, un livre sous les yeux, vers les Champs-Élysées. Je m'avance vers lui. « Ah! très-bien! mon ami; venez, le temps est beau, nous allons faire une petite promenade. » J'obéis avec bonheur à cette invitation ; et nous voilà bientôt sous la luxuriante verdure de ces promenades charmantes, l'orgueil des Parisiens. « Savez-vous ce que je lisais il n'y a qu'un instant, me dit-il, tout-à-coup, en s'arrêtant. Eh bien ! je lisais une sanglante diatribe contre tout ce que vous voyez d'ici, contre le jardin, le château des Tuileries, contre la place de la Concorde, contre les Champs-Élysées, contre l'arc-de-triomphe de l'Étoile, etc., etc... Eh bien ! qu'en dites-vous ? — Je dis que celui qui a fait cela n'empêchera pas que ce ne soit très-beau. — Eh ! je ne suis pas de votre avis, je crois vrai ce que je viens de lire. — M. le curé, lui répondis-je, après avoir réfléchi un instant, je vous vois venir ; et si vous me le permettez, je vais vous attraper. — Je veux bien, attrappez-moi.—Eh bien, tout cela est très-beau parce que tout cela publie la gloire de Dieu. — C'est bon, c'est bon; mais soit dit en passant, tout ça publierait bien plus haut la gloire de Dieu si ça publiait moins la gloire de leurs architectes. Mais, en eux-mêmes, ces ouvrages de l'homme, cette nature qui nous enchantent, qu'est-ce que c'est auprès des magnificences éternelles de la cour céleste? Quelle valeur a le contentement que nous procurent ces beautés d'un instant auprès des ravissements ineffables qui nous attendent au sein de la gloire infinie de notre Père qui est dans les cieux. Oui, nous pouvons dire avec vérité ce que je viens de lire : *que les splendeurs éphémères d'ici-bas sont méprisables quand on considère les splendeurs éternelles de la Jérusalem des cieux!* » Nous gagnâmes un banc pour nous reposer. Tandis que nous étions assis, notre bon père considérait avec le sourire du plaisir, de petits garçons qui jouaient autour de nous. Il appelle celui qui était le plus près : c'était un enfant de huit ans à peu près. Après l'avoir caressé, et lui avoir fait plusieurs questions sur ses jeux, il lui fit la première leçon de catéchisme que, sans doute, cet enfant ait entendue, tout à fait avec le ton d'un enfant et d'une manière si intéressante que ce pauvre petit, là, devant ses genoux, restait pour ainsi dire suspendu à sa parole, suivant les mouvements qu'il faisait, s'identifiant avec les sentiments qu'il manifestait. Les autres enfants criaient, couraient, le petit prosélyte n'entendait plus rien ; le jeu n'avait plus d'attrait pour lui. Il y avait déjà vint minutes qu'il était là ; certainement il ne serait pas parti encore si nous n'étions pas partis nous-mêmes. Je me retournai plusieurs fois pour voir s'il reprendrait vite ses jeux; pas du tout; il était toujours à la même place, nous suivant des yeux et certainement avec le regret de ne pouvoir venir avec nous.

Un autre jour en nous promenant dans la campagne, nous rencontrons un vieillard qui bêchait dans un champ, pas loin du sentier où nous passions. « Eh bien! mon ami, qu'est-ce que vous faites donc là? — Hum! M. le curé, je ne puis pas dire que je travaille, je m'amuse: un pauvre vieux n'a pas la force de travailler. Le temps passé n'est plus, M. le curé! — Eh oui! le temps passé n'est plus, et le temps à venir passera. — C'est juste, M. le curé. — Et puis? — Et puis, à la grâce du bon Dieu. — C'est très-bien, mon ami, il faut avoir confiance dans le bon Dieu; mais, vous savez, qui fait bien s'en trouve bien; tout comme on ne peut pas faire une bonne récolte si l'on n'a pas bien travaillé son champ. — C'est juste, M. le curé. — Et puis, quand un champ est trop sec et que vous craignez de voir la semence brûlée par le soleil. — Eh bien ! alors nous nous adressons au bon Dieu. — Je comprends; alors pour cela vous priez le bon Dieu, comme tous les matins pour chaque jour, comme tous les soirs pour chaque nuit. » Sur ce même ton arrivèrent un à un tous les devoirs du chrétiens. Enfin, nous nous retirâmes avec cette conclusion. « Eh bien ! mon ami, je suis content de vous avoir rencontré; je m'en vais bien résolu de me souvenir que pour faire une bonne récolte, il faut bien travailler son champ; et que pour bien mourir?... — Il faut bien vivre, se hâta de répondre ce brave homme. — Allons, mon ami, que le ciel bénisse vos récoltes; et vous, souhaitez-moi aussi qu'il bénisse les miennes. Adieu. »

Mille circonstances de cette nature attestent que, comme nous l'avons déjà dit, le zèle pour le salut des âmes était l'empreinte de chacun de ses pas. Il serait malheureux que la simplicité de ces faits nous les fît regarder comme ayant peu d'importance. Écoutons sur cela en finissant notre bon Pasteur dans une de ses instructions : « Vous l'avez entendu bien des fois, mes frères ; le Saint-Esprit a dit que le Seigneur nous avait recommandés les uns aux autres ; et c'est tout naturel que des frères cherchent sans cesse à s'être utiles. Soyez bien sûrs que la moindre chose que vous faites pour le salut de votre frère devient pour lui et pour vous d'une immense importance; car elle a un retentissement dans les Cieux. Le monde récompense des faits qui ne sont d'aucune utilité pour qui que ce soit; que ne sera-ce pas de notre bon Jésus quand vous aurez participé à répandre son règne sur les cœurs. On élève une statue à celui qui a découvert une planète. Eh bien! je vous assure que si celui-là mérite une pareille récompense, moi j'élèverais mille statues à celui qui aurait réveillé dans le plus petit enfant le plus petit désir de pratiquer la vertu. »

L'enfant d'un père dont la noblesse, le génie et les travaux glorieux ont répandu l'admiration et gravé le nom en caractères éclatants dans l'histoire, après avoir recueilli son dernier soupir dans un cœur rempli de l'amertume du regret, après avoir versé sur sa tombe les pleurs de l'amour filial, se prépare à remplir un autre devoir qui fournira toute la suite de son existence : c'est celui de porter dignement le nom dont il a hérité. Ce devoir que la société, la reconnaissance et l'honneur lui imposent, il l'accomplit en ne cessant pas de se rappeler ses titres : les titres dans une famille sont comme dans une armée un glorieux drapeau dont la vue ranime et, au besoin, donne le courage ; il doit aussi ne pas perdre de vue la vie de son père, non pas pour rester sur ses mérites dans une stérile admiration, mais pour marcher sur ses traces, afin de faire revivre en lui, selon son pouvoir, une vie que l'on ne verrait plus que froidement consigné dans un livre ou sur un marbre. Tels sont pourtant les sentiments, les faits qu'inspirent les passagères grandeurs, lorsqu'il est impossible de ne pas les voir se rapetisser et disparaître dans les ténèbres d'un sépulcre. Voilà néanmoins la marche que nous avons à suivre, nous, enfant de la foi, héritiers d'une céleste noblesse qui, loin de s'arrêter à la tombe, la franchit pour se revêtir de l'immortalité. Nous avons pleuré notre bon Pasteur, notre père, nous avons accompagné ses vénérables restes à leur dernière demeure, nous avons répandu sur sa tombe des fleurs trempées dans nos larmes d'amour filial ; maintenant il ne nous reste plus qu'à faire nos efforts pour devenir de plus en plus ses dignes enfants. Il ne faut donc pas que les vertus de notre bon père soient pour nous l'objet d'inutiles considérations ; il faut, à son exemple, par nos actes, en embellir notre cœur. Que la divine charité surtout, qui est maintenant le plus beau fleuron de sa couronne, nous accompagne jusqu'à notre dernier soupir.

FIN.

Paris.—Imprimerie de H. CARION, père, rue Richer, 20.

www.ingramcontent.com/pod-product-compliance
Ingram Content Group UK Ltd.
Pitfield, Milton Keynes, MK11 3LW, UK
UKHW021056230726
13926UKWH00004B/1889